Anonymus

Exterarum

Anonymus

Exterarum

ISBN/EAN: 9783742818447

Manufactured in Europe, USA, Canada, Australia, Japa

Cover: Foto ©Andreas Hilbeck / pixelio.de

Manufactured and distributed by brebook publishing software (www.brebook.com)

Anonymus

Exterarum

CAROLO, ANATO-
LIO ET HVGONI AL-
BOSIIS SVIS AB. EO-
rum sorore affinibus,
Io. Lalamantius.

S. P. D.

HOS veluti fastos & hanc anni exterarum ferè omnium & præcipuarum gentium cum Romano collationem magno à me non solùm studio vestigatam, sed & ex imis tenebris aliquando tandem erutam, sub vestro potissimùm nomine & patrocinio, fratres optimi, iccirco in vulgus exire & apparere volui, quòd vos vt omnium aliarum artium liberalium, sic & harum etiam rerum studio teneri compertum satis haberem. Nam cùm & conciues & æquales essemus, memini ego vos à primis annis cura & liberalitate Petri Albosij patris vestri viri clarissimi & Francisci primi Galliarum regis medici, Heduæ primùm, deinde & Lutetiæ optimis præceptoribus operam literis vigilanter nauasse: & ex illo nunquam desiisse & literas colere & literatos amplecti. Quo factû est vt cùm intellexissetis me affinem abs vestra sorore vestrum in anni tractatione incubuisse, & quam dudum susce-

*. ii.

peram ad vmbilicũ perduxisse:efflagitare pro
ea quæ mihi vobiscum intercedit affinitate &
necessitudine non desieritis, vt ne id scripti
quod in manibus habebam confectum, latita-
re apud me diutius & veluti sepultum iacere
paterer: sed vt primo quoque tempore in cõ-
muné omniũ vtilitatem publicandũ curarem.
 Ego & publicæ alioqui vtilitatis studiosus,
& voluntatis meæ erga vos significationem a-
liqua testificatione vobis notã facere cupiens
eo maximè quòd æquam & honestam postula
tionem afferretis, & quòd etiam quanti me fa
ceretis hac vestra efflagitatione abunde mihi si
gnificaretis: libellum hunc, quanti quanti est,
nulla mora fido Typographo committendum
& commendendum putaui: ac insuper literis
meis ad illum contineri volui, vt si doctorum
virorum iudicio (quod lubens subeo) luce di-
gnus iudicaretur, quod commodo reipublicæ
fieret, publicaretur. sin contrà, omnino suppri-
meretur, vel in vicum (vt ait Horatius) ad ven-
dentem thus & odores deferretur, aut etiam
blattis & tineis deuoueretur. prodit libellus do
ctis, vt video, probatus, nec (nisi ipse mihi sum
suffenus) vsquequaque ineptus.
 Cedo enim quenuis arbitrum, & vos in primis iudices fero, ni hæc tractatio mira rerum
varietate & nouitate non solum iucunda est,
sed & ad intelligentiam quoque Scripturarũ &
omnium penè Auctorum admodum accõmo-
tata. Primùm enim, Quid magis varium, quid
mage nouum & admirandum quam tridui aut
quatridui spatio (tot liquidem diebus totus hic
          libellus

libellus percurri poteſt) peragrata Ægypto, Chaldæa & Perſia, in Arabiam ac inde in Græciam & Latium tãdem etiam appellere? ac ſingulas illas gẽtes luſtrãdo obſeruare Romanos eas falſo barbaras appellauiſſe, quũ aliæ ex his ferè antequã nomen Romanũ audiretur curſus ſyderũ ita curioſe obſeruaſſent, & aſtrologica ratione deprehendiſſent, vt Solis eodẽ reditũ (quẽ Annũ vocãt) ẽmetatis eius ſpatiis tot nõ ſolùm menſibus & diebus, ſed & tot etiã ſupra dies & horas momẽtis cõſtare memoriæ prodidiſſent & in certũ modũ digeſſiſſent? Ex qua ad amuſſim exactam facta Anni digeſtione chaos illud & confuſio quæ anteà ex eius rei ignoratione inualuerat & genus humanum interturbarat, ſublata eſt de medio.

Cui enim dubium eſſe poteſt abſque eo fore vt frigus æſtiuis menſibus, & cõtrà calor hyemalibus proueniat, & meſſium feriæ minimè in æſtatem, vindemiarum minimè in autumnũ incidant? Quo fit vt, ni ingrati eſſe velimus, tanti boni auctoribus plurimũ nos debere, fateri ingenuè cogamur. Iam quòd hæc tractatio ad intelligentiam plurimorũ Auctorũ conducat, ex ipſa lectione credo iri manifeſtũ. Ex eius quippe ignoratione fuerunt qui nomina menſium pro ducum nominibus vſurparẽt: fuerunt & qui Atticorum menſium nomina à Macedonum menſium nominibus minimè interſtinguerent, ac nomen aliud pro alio ſupponerẽt. Fuere etiam qui Ægyptiorum, qui Arabum, qui Perſarum etiam & Hebræorũ & ordinem & nomenclaturam penitus ignorarẽt.

EPISTOLA

Etfi autem minimè me latebat permultos in id studium & quidem particulare incubuisse,& hunc Attici anni tractationem, illum Latini sibi sumpsisse describendam:neminem verò adhuc extitisse cùm intelligerẽ qui de præcipuarum gentium anno pro dignitate dicendum sibi suscepisset, hanc ego vnus ex omnibus prouinciam,quanquam duram, subeũdam esse mihi putaui. Quo in opere quantum lucis attulerim permultis locis qui sunt apud Galenum, Iosephum, Zonarã, Thucydidem, Vegetium, Plinium,& alios auctores tam Hebræos, Græcos, quàm Latinos, cuiuis bono qui hæc percurrerit iudicandum relinquo.

Habete igitur, fratres optimi, hoc qualecunque opusculũ, amoris in vos mei monimẽ tum & pignus: quod (cùm eo nihil habeã antiquius) vobis, quos vnicè diligo &colo, offero: imitatus eos de nostris ciuibus, qui aut numisma aliquod prisci alicuius Cęsaris imagine efformatum & effigiatum, aut monumentum aliquod aliud antiquum, recèns è ruderibus & ruinis nostræ vrbis Heduensis quondam florẽtissimæ effosum nacti, statim illud quantiuis pretij sit, ei quem charissimum habet, offerũt.

Valete interim, & me amate. Ex Burgundionum Heduis, Romanorum quondam socijs, Calendis Maij
1570.

NOMINA AVCTO-
RVM QVI HIS COMMEN-
tarijs citantur.

- Ætius.
- Angelus *Politianus*
- Æschines.
- Cælius *Rhodiginus*
- Cicero.
- Constantinvs *Cæsar.*
- Colvmella.
- Demosthenes.
- Diodorvs *Siculus.*
- Diogenes *Laertius.*
- Evagrivs.
- Galenvs.
- Gellivs.
- Gvido *Bonatus.*
- Herodotvs *Hal.*
- Hieronymvs.
- Ioannes *Baptista Pius.*
- Lactantivs.
- Libanivs.
- Livivs.
- Macrobivs.
- Mela.
- Nicephorvs *Callistus*
- Ovidivs.

PHILOSTRATVS.
PLATO.
PLINIVS.
POLITIANVS.
PLVTARCHVS.
SEVERIANVS.
SIMPLICIVS.
STRABO.
SVETONIVS.
SVIDAS.
THEOD. GAZA.
THVCYDIDES.
VARRO.
VARINVS.
VIRGILIVS.

BARTHOLO. MONRAMBALDVS
HALDVVS.

*Ægyptum vsque ferunt isse Eudoxum atq,
  Platona
Certū anni vt possent inde referre modū:
Omnes namq, alias gētes apud ordine nullo
Constans, incertus & vagus Annus erat.
Sed quæ tunc fuerit ratio tacitum hactenus,
  aut quam
Seruaret legem cætera Barbaries.
Exiguo hic vulgat Lalmantius ecce libello,
Vt sit tam longam nil opus ire viam.*
                              BREVIS

BREVIS INDEX EX
ALPHABETI OR-
dine.

A

	&	122
Ab fol.	67	Alcion 127
Abib	63	Almanach, Hebræū
Abies germinat	106	88
&	107	Alphonsus de anno
Adar mensis	72	174
vsque ad	89	Ambrosius 74
Aëtius medicus	11	Ἀμέιωρος Luna 148
32 &	100	Angelus Politianus
Affectiones Lunæ		143
148 &	186	Annus quid 2
Ægyptii	23, 24,	Annus Arabum 61
25. & deinceps.		& 62
Ægyptii menses	31	Annus Augusti 173
Æquinoctium	11	Anni Athenienſis i-
Æquinoctiū Ver-		nitium 101, & dein.
num 76, 77 vſq;	80	Annus Biſſextilis 38
Æchines	135	Annus Cynicus 19
Ætanim	68	Annus Macedonicus
Ἄχρον	106, 107	89. & dein.
vsque	111	Annus magnus 15.
Alalcomenius	22,	16. & dein. Iubi-

INDEX.

læus	20	89, &	92
Annus Numæ	158	Asconius	184
Annus Persicus	60	Asiani	102
Annus quo Auctor hæc Heduæ scripsit 77, & 79		Assuerus	71
		Athenienses	102
		Athyr mēsis AEg.	31
Annus Romanus	154	Audinæus 89. &	99
eius initium	176, & 177	Augustus Cæsar	173
		Augustus mensis	201
Annus Lunaris	3.		
Solarē excedit	87, & 137, 138	**B**	
		Babilonÿ 4. &	27
Annus vertens	2	Baptista Pius	125
Antigenides	104, & 118	Barbara nomina mēsium	37
Anthesterion	124	Baruch locus	67
Apellæus	70	Berosus	26
Aprilis	125	Bissextus 38. 165. 172	
Arabes intercalāt	31	Bissexti appellatio vnde	196
Arati interpres	34		
Arcturus	104, & 118, & 121	Bithinia	79
		Boedromion	117, & 118
Aristotelis locus	17. 102. 118. 126, & 127	Bonatus de Latis	62
		Bruma 2.5.12.13. 127, &	202
Arius	77		
Artaxerxes	65	Bul	64, & 68.
Artemisius	66.		

Cæsar

INDEX.

C
Cæsar　166
Calami cæsura　104
Calenda　183,& 184
Callistus Nicephorus　139
Canis exortus　19
Cato Iureconf.　193
Caui menses　139
Celsus Iureconf.　195
Censorinus　19
Chisleu　69,&70
Choes　126
Ciceronis locus 2.14. 18.21.29,& 30. 168.192
Claudius episcop.　129
Coitus Lunæ　147
Columella　76
Constantinus Cæsar 76,&　147
Constantinus Helenæ filius　79
Conticinium　7
Cornarius　92,&93
Corniculata Lunæ　148

Cras　6

D
Damasceni　102
Damatrius　22
Demosthenis locus 95 &96.104.118,& 119.131.135.138. 146
Deuteronomij locus 74
December　202
Deutius　89,&94
Dies　4
Dieiprincipium,ibid. 176,&　177
Dieipartes 6,&　7
Dies illunes　147
Diluculum　7
Diluuium　69
Diogen. Laërtius 132
Dius　89
Διχότομ۞ Lunæ 148
Dystrus　89,& 100

E
Elaphebolion 101,& 128

INDEX.

Elul 64, & 67
Embolismus mēsis 87
Emendatus Galen. 93
Ἔυη κỳ νέα 146
Epigramma Græcum 30, & 31
Euagrius 92. 93, & 99
Εὐθεῖα Luna 148
Ἐξαιρέσιμαι dies, 21
Exemptiles dies & menses 21, & 22
Exortus canis matutinus 19

F
Fauonius flat 77
Februarius 191. 193
Firmamentum 18
Fragmenta Legum XII. Tabularum 195
Franciscus Strozza 129

G
Galeni locus emendatus 93
Galeni locus 63. 76. 99. 110. 120. 121. 139. 172
Gallicininm 7

Gamelion 128
Gaza 106. 124, & 129
Gellius 193
Genesius Sepuluenda 178
Gorpieus 89, & 97
Græci anni initiũ 27
Græcum Epigramma 30, & 31
Græci menses in decadas diuidunt 145
Guido Bonatus de Latis 62

H
Habitus Lunæ 148
Hebræi anni ratio 63
Hebræi vnde annum inchoent 74, & deinceps.
Hecatombeon 101. 102, & inde.
Hebdomas 4
Herodoti locus 23, & 24
Hester locus 64, & 71
Hieronymus 65
Homeri locus 147
Hora 4, & 5
Hyems

INDEX.

Hyems 10
Hyppocrates 110
Hyperberetaus 97, & 98

I
Ianus 190
Ianus Cornarius 92
Idus 185, & deinceps
Illunes dies 147
Imber quid 203
Η' μιᾶμ&Luna 148
India 33
Initium anni AEgyptiaci 27
Intercalatio 193, & inde.
Iosephi locus 15.25, & 26.33.65.66.67.68. 69.70.71.73
Iurifcon. locus explicatus 195, & 196

L
Labeones 127
Lactantius 24, & 29
Laertius 132
Libanius 138, & 146
Liuius 140, & 141

155, & 165
Lous 69, & 70.89
Lucianus 34
Ludi Delphici 16
Luna 15
Luna filens 147, & 148
Luna fitus 148

M
Macedonici anni 89, & deinceps
Machab. locus 69, & 70.71.73.100
Macrobius 18.23. 114.124, & 125. 158, & inde & 193
Mane 8
Martinus 4. Font. 62
Martius 156.170, & 197
Mela 25
Menfis 3
Menfes pleni 139
Menfis versens 3
Menfis Luna ibidem
Menfes AEgyptij 31, & deinceps.
Mercidinus 22 & 167

INDEX.

Meridies	8, & 9
Momentum	4
Montanistæ	80

N

Nicen. syn.	77. 78. 79
Nicea Bithiniæ	79
Nilus	32
Nicephorus	139
Nisan	64, & dein.
Nomina mensiũ Arabum & Pers.	60. 62
Nεμηνία	148, & 186
Nonæ	185
Nox	4

O

Olympias	16. 17. 136
Ouidÿ locus	154, & 155. 172. 179, & 180. 192. 198.

P

Panathenea	132
Panemus	95, 96
Panselinũ	148, 186
Partes diei	6, & 7
Pascha	75. 81, & 82
Peritius	89, & 99
Phœnices	25
Philostratus	124

Pesah Hebr.	81, & 82
Pinus	109, & 134
Plato	102, & 136
Plenilunium	148
Pleni menses	139
Plinÿ locus	12. 19. 26. 33, & 34. 76, 80. 106. 107, & 108. 126 & 127. 147. & 168
Plutarchus	94. 95. 96. 97. 115. 116. 117. 118. 119. 122. 123. 125. 127. 147. 167
Pomponius Mela	25
Ptolemeus	62, & 126

Q

Quadrans	4. 27. 170

R

Riuanus	108, & 109
Roma condita	36
Rom. intercalant	21
Romani circa Brumã annũ inchoãt	102. 155, & 156
Romulus natus	35. 36

S

Scenopegia	68
Scombri	103

Sebat

INDEX.

Sebat 71
Secta fratr. minorū 62
Seculares ludi 2
Seculum 1
Sempronii locus 36
Sepul. Genesius 178
Seuerianus 143. 145
Silentia Lunæ 148
Simplicius 102
Solini locus 26
Solst. 5. 11. 12. 13. 77.
102. 103. 104. 170
Solon 147
Sozomenus 75
Strabo 39
Strozza 229
Suidas 92. 94. 95.
97 98. 99. 100. 124.
126. 127.

T
Tempora anni 10
Tēpus quid. Tempus vnde
Temporis partes 1
Thargelion 101, 132. & 133
Thebet 71

Theon 34, & 35
Theophrastus 103.
104. 105. 106, & deinceps.
Thot 31, & 32
Thucydides 94, & 128, & 129
Tropicus hybernus 190.

V
Varinus 132
Varro 1. 10. 12. 177. & 191
Ver 10. 75, & inde
Vernales mēses 109. & 110
Vespera 9
Victor Pont. Rom. 83, & 84
Virgilius 19, & 178
Visitation. Lunæ 148
Vitruuius 149
Vncia 4
Vrsa 129

X
Xanthicus 65, & 92
Xenophon 26.

Finis, Anno turbulentissimo mense Martio.

LECTORI.

Annotationes seorsim in Chartula ab Auctore scriptas, & pagina 10. omissis, ad hoc signum ⁕⁎ addendas hic inseruimus:

Prima fax: Πρώτη τύξ: ωρώτη φυλακὰ: πρῶτος ὕπν⊕: Noctis initium, quo tempore excubiae agebantur, prima vigilia incipiebat, & restera (quae erat signum militare, quod verbum Vigiliarum, nostris temps du guet dicitur) dabatur. vnde dare tesseram, donner le mot du guet, accipere & petere tesseram apud Auctores, prendre & demander le mot du guet.

Nox concubia: Δεύτερη φυλακὰ: Secunda vigilia, quòd ferè omnes tunc cubent, inquit Varro.

Nox intempesta: Τρίτη Φυλακά: Tertia vigilia: Quum tempus agendi nullum est, inquit Varro. & Macrobius, Quae non habet idoneum tempus rebus gerendis. Id tempus nonnulli cum concubio confundunt, & Silentium etiam noctis vocant, ab eo quod tum sileatur, inquit Varro.

ADDE eadem pag. ⁕⁎ paulò pòst.

Pingebatur autem ita, vt aut è vitibus vinum colligeret, aut v-uas calcaret, & ab earum calcatione sordidus esset, pingebatur etiam & capite pomis redimito: Ouidius,
Stabas & Autumnus calcatis sordidus vuis. Et Flaccus
Vel cùm decorum mitibus pomis caput Autumnus arvis extulit.

QVÆ sequuntur & corrigenda & restituenda sunt,

Pag. 64. ỽ. 3. 3. Siuan. 4. Thamuz qui & Rhothem. & 20. נִיסָן 66. 12. וְ! vel וּ! vel אֲדָר & 16. primo Regum. 67. 8. סִיוָן & 16. תַּמּוּז & 20. vicesimo septimo. & 23. Elul אֱלוּל 63. 1. תִּשְׁרֵי vel הָאֵיתָנִים & 2. Thisri qui & Hae-thanim & 21. vel מַרְחֶשְׁוָן 69. 19. בְּחֶלְיוֹ 71. 1. חֶשֶׁה & 22. שֶׁבֶט 72. 1. אֲדָר 73. 6. quae (vel potius qui) dicitur voce Syriaca, pridie Mardochaei dici.

De tempore &
EIVS PARTIBVS.

TEMPVS, quod græcis χρόνος dicitur, Est δiάsnμα τῆς τ̃ κόσμου κινήσεως: id est, Interuallum motus mundi: diuisum in partes aliquot ab Solis & Lunæ cursu, à quorum tenore temperato tempus dictum notat Varro initio lib. 2. De lingua latina. Alij sic diffiniunt, Tempus est certa dimensio quæ ex cæli conuersione colligitur. Aristoteli Tempus est numerus motus secundum prius & posterius. Alijs Tempus est mensura qua metimur motum corporum, vt Solis, Lunæ & Syderum. quod vt cum mundi creatione cœpit, ita cum eius dissolutione finem est habiturum. Macrob.
Satur.
cap.6

   TEMPORIS PARTES SVNT,
SECVLVM: Varroni est spatium centum annorum. dictum à sene, inquit, quòd lon- Seculum.

A.

Varronis locus. gißimum est senescendorum hominum spatium. sed is locus apud Varronem corruptus est. Festus Pompeius Seculares, inquit, ludi apud Romanos post centum annos fiebant, quia Seculum ad centum annos extēdi existimabant.

ANNVS, inquit Festus, ex Græco venit quem illi ἐνιαυτὸν dicunt. & quod nos triennium, illi dicunt τρητὶς. & Actorum 20. versu 31. τρία triennium etiam dicitur. Est autem Annus spatium temporis quo Sol signiferum ambit: vel quo Sol duodecim signa Zodiaci percurrens, eodem vnde profectus est redit. Iulius Pollux libro 1. cap. 7, Annus, inquit, est duodecim mensium tempus, Solis circuitus, deo ex horis in horas transeunte. Varro de lingua latina, Tempus à Bruma ad Brumam dum Sol redit, Annus vocatur. Cicero lib. de vniuersitate, Annus est, inquit, vbi Sol suum totum confecit & peragrauit orbem. Porrò hic Annus vertens dicitur ad differentiam magni Anni, de quo pòst. Sed enim Annus vertens is est, qui ad Solis cursum accommodatus est: tempus scilicet à Calendis Ianuarij vel à quolibet alio mensis die ad easdem Calendas vel alium quemlibet diem: qua significatione Iuuenalis Satyra 7. dixit, Et cùm se verterit annus. Et Suetonius

tonius scripsit Caligulam immensas opes non toto vertente anno absumpsisse, quod est non expleto spatio vnius anni Solaris.

MENSIS est spatium quo Luna signiferum percurrens eodem reuertitur. Cicero lib. de vniuersi. Mensis est quando Luna lustrato cursu suo solem consecuta est. Varro de lingua latina, Mensis à Lunæ motu dictus, dum ab Sole profecta rursus redit ad eum Luna. quæ græcis μήν Latinis etiam Mene dicitur. vnde illorum menes οἱ μῆνες à nostris menses dicuntur & μηνιαίων triginta dierum tempus. Menses vertentes etiam sunt, cùm Sol signi spatium, quod est duodecima pars mundi, mense vertente vadens transit, vt loquitur Vitruuius, & hac ratione menses vertentes, qui sunt tricenûm plus minus dierum à Lunaribus differunt. quia Luna die octauo & vicesimo & amplius circiter hora, cæli circuitionem percurrens ex quo cœperit signo ire ad id signum reuertendo perficit Lunarem mensem. Cæterum

ANNVS capit menses duodecim, Hebdomadas quinquaginta duas, & præterea diē vnum & quartam ferè diei. sed ad verum quota pars diei sit Astrologi certant & adhuc sub iudice lis est. sed de hoc pòst in anni Rom. tractatione.

MENSIS *hebdomadas quatuor capit:*
HEBDOMAS, *quæ & Septimana, dies 7.*
DIES, *Quadrantes quatuor:*
QVADRANS, *horas sex:*
HORA, *quæ vicesima quarta pars est diei naturalis, puncta quatuor:*
PVNCTVM, *decem momenta:*
MOMENTVM, *vncias duodecim:*
VNCIA, *atomos quadraginta septem:*
ATOMOS, *vt vox sonat, diuidi amplius non potest.*
DIEM *verò Itali & Bohemi à Solis occasu incipiunt. Vmbri & Arabes à meridie. Athenienses & Hebræi à sole occaso. Babylonij ab exorto. Romani, Ægyptij vt & Galli à media nocte. de quo Gellius lib.3.cap.2. Plin. lib.2.cap.77.*
ASTROLOGI *porrò diem duplicem faciunt, Naturalem & Artificialem. Naturalis dies horarum est vigintiquatuor: cuius partes sunt Dies & Nox. Artificialis est spatium ab ortu solis ad eius occasum. vt Dies Artificialis sit, quandiu sol est supra terram. Nox contrà. Iidem quinetiam Astrologi Horas aliàs æquales aliàs inæquales esse dicunt. Æqualis hora est diei naturalis pars vicesimaquarta. Æquales autem horæ bis in anno côtingunt, nempe Æquinoctio Verno &*
Au-

EIVS PARTIBVS.

Autumnali. quibus temporibus dies æquales sunt noctibus. Inæquales horæ, quæ & tẽporariæ & artificiales dicuntur, potißimũ fiũt circa Solstitium & Brumam. Nam cùm circa Solstitium æstiuum dies sint longiores noctibus, fit vt horæ etiã diurnæ nocturnis sint longiores. tũc enim dies habet horas sedecim: nox, octo. In Bruma contrà fit: Nam cùm tũc noctes sint longiores diebus, horæ etiam nocturnæ diurnis sunt longiores. vt nox sedecim horas: dies tantùm octo habeat, æquales tamen inter se. Has verò si ad inæquales reducere voluerís, ac verbi gratia, Solstitio totam moram solis supra terram in partes seu vncias duodecim partiri, & Bruma totam etiam eius moram sub terris, in totidem: aßignes oportet vnicuique vnciæ è duodecim, vnam horam æqualem, ac præsereà vnam horæ quartam cum momentis decem. Contrà, his additamentis singulæ horæ è duodecim noctis Solstitialis & diei Brumalis curtiores erunt hora æquali. Sic hæ horæ duodecim curtata, octo tãtum æqualibus horis respondebunt. octo quippe tãtùm horas æquales habet nox Solstitialis. & totidem Brumalis dies. Horæ verò sedecim tam diei Solstitialis quàm totidem noctis Brumalis, longiores facta vna quarta & momentis X.

margin: Solstitiũ.

margin: Bruma.

A.iii.

vt dictum est, duodecim etiam horis aequalibus aequipollebunt. Diebus porrò crescentibus aut decrescentibus per magis & minùs, horas etiam inaequales aut augeri aut minui contingit.

PRIMA *autem hora diei aliis ab ortu solis, aliis ab occasu, aliis à meridie, aliis à media nocte incipit. vt paulo ante ex Gellio de diei initio dictum est.*

NVDIVSQVARTVS, ἡ παρελθοῦσα ἡμέρα γ´ ἀπὸ τετάρτης. Act. 10. ver. 30.

NVDIVSTERTIVS, *compositum ex nūc & die tertio, Fest. Pompeio* πρῴχθες.

HERI, χθές, χθιζόν.

HODIE, σήμερον.

CRAS, αὔριον.

PERENDIE, ἡ ἐπιοῦσα ἡμέρα γ´, ἡ ἡμέρα τρίτη. Ioan. 2. 1.

PRIDIE, *Est quasi heri non tamen hodierni diei,* ἡ πρωταιρία.

POSTRIDIE, *postera dies, quasi cras non praesentis diei sed alicuius alterius praeteriti aut futuri,* ἐχθές, ἡ ὑστεραία, ἡ ἐπαύριον. *Act.* 22. ver. 30. & 21. ver. 8. ἡ ἐπιοῦσα.

PRIMVM DIEI TEMPVS À ME-
dia nocte incipiendo more Ro. aut etiam Gallico:

MEDIÆ NOCTIS INCLINATIO,
μεσο-

μεσονύκτιον, Luc.11 v.5. Περὶ ἀλεκτρυόνων ὠ- | Macrob.
δὰς, ὑπὸ τὴν ᾠδὴν ὄρνιθος, sub gallicantum. | lib.1.Sa-
    GALLICINIVM,   Ἀλεκτρυόνων ᾀδόν- | tur.cap.3.
των. | Alex.ab
     | Alex.lib.
    CONTICINIVM, cùm & gallicontí- | 4.cap.20.
cescunt & homines quiescunt, περίορθρον, | Pollux
τετάρτη φυλακὴ, quarta noctis vigilia, vt | c.7.lib.1.
Matthai 14.ve.25. Veteres enim in quatuor
vigilias noctem diuidebant, & singulis vi-
giliis singulas excubias assignabant, quas
graeci φυλακὰς vocant.

    CREPVSCVLVM matutinum, ὄρθρον
βαθὺ, quasi diluculum profundum, Lu.24.
ver.1. Est autem id tempus cùm adhuc multum noctis est nécdum lucescit, μήπω ὑποφωσ-
κούσης τῆς ἡμέρας: λίαν πρωῒ dixit Marcus,
quod est valde manè, cap.17 versu 21. Idem
Ioannes dixit cap.20.ver.1. πρωῒ σκοτίας ἔτι
οὔσης, i. manè cùm adhuc tenebrae essent, nec
dum illuxisset.

    DILVCVLVM, cùm incipit dignosci
dies, αὐγὴ, vnde ἄχεις αὐγῆς, in diluculū, in
lucē, Act.20.ver.11. & ὄρθρος, ὑπὸ τ᾽ ὄρθρον,
sub diluculum, Act.5.ver.21. vnde & ὀρθρί-
ζειν diluculo surgere, Lucae 21.ver.38. porrò
verò diluculo, exortu Aurorae, albescente cae-
lo & exacta propè nocte sydera poëtis cade-
re dicuntur, Virgilius: Suadéntque

.1.iiii.

DE TEMPORE &

cadentia sydera somnos. Item:
Ergo age nate Dea primisq, cadentibus astris
Iunoni fer rite preces.i.sub auroram.cùm scilicet aduentante sole astrorum acies & ful-
gor hebescit & obscuratur, & Lucifer seu
Iubar græcis φωσφόρ⊙, sese prodit, subsequente statim aurora.

MANE Seu AVRORA, diei principium inquit Varro. quòd tùm manat dies
ab Oriente, nisi potiùs quòd bonum antiqui
manum dicebant. Mane inquit Macrobius,
dum dies clarus est. Mane autem à Manibus
dictum vult. quòd à Manibus, id est, inferio-
ribus locis exordiũ lucis emergat. πρώτη ἕω,
ἐπεὶ τλυἕω, πρῶ. Nonius Marcellus. Manũ
dicitur clarum, vnde & Mane post tene-
bras noctu diei pars prima. Ioan. 21. ver. 4.
πρωΐας δὲ γενομένης. i. Mane iam exorto.
Festus Pomp. Mane à Dijs manibus dixerunt. Sunt autem tria hæc tẽpora, Crepusculum matutinum, Diluculum & Mane seu
Aurora adeò sibi vicina inuicem & propinqua vt vix interstingui possint vt mirum
non sit ea plerunque confundi.

DIES CLARVS, ἥλι⊙ ἀνίχων. γενο-
μένη ἡμέρα, ortus dies. Luc.4.ver.42

MERIDIES, quasi medidies, vt an-
tiqui dicebãt d.non r.in hac dictione pon ētes
inquit

EIVS PARTIBVS.

inquit Varro, Medius est dies. μεσημβεία, μεσούσηημέρα. μέσηημέρα. Act.26.ver.13.

TEMPVS OCCIDVVM, Occasus solis. Sol occidens. ὁ ἥλιος δύνων. Lucæ.4. ver.40. ἐπὶ ἡλίου δυσμάς.

SVPREMA TEMPESTAS, Serū, Ὁψία. Sero, Ὁψὲ, Diei nouißimum tempus. Crepusculum .i. dubium, quòd tum dubium sit an dies an nox sit. Id tempus ferè cum vespera confunditur abs qua Hebræi diem suū inchoabant. Matth.27.ver.58. Ὁψίας δὲ ἕνομένης.i. cū serū diei esset. Et Ioan.19.v.19. ὡσης δ' ὁψίας. cùm ergo vespera esset: seu cùm serum esset. Nam quia hæc tempora vicina sibi & propinqua sunt, ita vt finis vnius alterius sit principium, fit vt plerumque confundantur inter se. quod & in aliis temporibus vsu venire solet.

VESPERA. Ἑσπέρα. cùm iam obtenebrata est terra & tenebræ irrepserunt oriturque stella quam Græci ἕσπερον Latini Vesperuginem vocant. Idque tempus nox est. porro eadem stella manè ante ortum Solem iubar Latinis dicitur, quòd eius splendor diffundatur in modum iubæ leonis inquit festus Pomp. Catullus quo Latinè ἕσπερον nominaret, Noctifer dixit, ea forma qua Lucifer, in Epithalamio.

DE TEMPORE &

Nimirū Oeteos ostendit Noctifer ignes: prisci verò illirationis cælestis ignari diuersas stellas Phosphorum & Hesperum existimabāt. Primus Parmenides, vel vt aliis placet Pythagoras, vnā eandémq; esse existimauit.

ANNI TEMPORA *quatuor.*
VER, Ἔαρ. Ver inquit Varro, quòd tum incipiunt virere virgulta ac vertere se tempus anni nisi forte à græco Ἔαρ.

AESTAS, Θέρος ab æstu. nisi fortè à græco αἴθεσθαι; Varro.

AVTVMNVS Φθινόπωρον & ὀπώρα Iulio Polluci cap.7. lib.1. Festus dictū putat quòd tum maximè augeantur hominum opes coactis agrorum fructib. Varro à Sole. sed locum de mendo suspectum habeo. Autumnius etiam interdum Autumni simulachrum pictum significat.

HYEMS, Χειμών, Hyems, inquit Varro, quòd tum multi imbres, &c. ¿

DE HIS 4. TEMPORIBVS HIPpocrates ita lib.3. de dieta,

ANNVM *in quatuor partes diuidunt, quas plerique omnes nouerunt,*

HYEMEM, Ver, AEstatē & Autumnū.

HYEMEM *quidem à pleiadū occasu vsque ad AEquinoctium Vernum.*

VER

VER: *Ab AEquinoctio ad pleiadū exortū.*

AESTATEM: *A pleiadū ortu vsq ad Arcturi exortum.*

AVTVMNVM: *Ab Arcturi exortu ad pleïadum occasum.*

Vide quæ de his anni tēporibus dicūtur ex Gal. in Artemisio mēse macedonico secūdo.

PAVLVS ÆGINETA DE HIS
etiam hæc habet lib.1.cap. C. in fine,

A BRVMA *vsque ad Vernum AEquinoctium numerantur dies nonaginta.*

AB *AEquinoctio Verno vsque ad Vergiliarum ortum dies sex & quadraginta.*

A Vergiliarum ortu vsq ad Solstitium æstiuū dies quinq, & quadraginta existunt.

A Solstitio æstiuo ad AEquinoctiū Autumnale dies tres & nonaginta.

AB *AEquinoctio Autumnali ad Vergiliarum occasum dies sex & quadraginta.*

AB *occasu Vergiliarum ad Brumam dies quinque & quadraginta.*

ÆTIVS SERMONE 3. TETRABLI.
1.cap.164.

MENSE *Martio die vicesima tertia AEquinoctium Vernum.*

Mensis Maÿ septima Pleïades apparēt.
Vicesima quinta Iunÿ Solstit'a æstiua.
Vicesima quinta Septembris AEquino-

ctium Autumnale.

Vicesima tertia decembris Solstitium est hybernum quam & Brumam appellant.

Aëtÿ interpres Dystrum Martio, Xantichum Aprili confert Cæteros menses nominibus Latinis exprimit. Ego defectu codicis græci mensium Macedonicorum ex Aëtÿ descriptione nomenclaturam hoc loco inserere non potui: quam tamen suo loco videbis!

Varro lib.1.de re rusti.cap.28. Dies primus est veris in Aquario. AEstatis in Tauro. Autumni in Leone. Hyemis in Scorpione. Cum vniuscuiusque horum quatuor signorum dies tertius & vicesimus quatuor temporum sit primus, efficitur vt ver dies habeat XCI. AEstas XCIV. Autumnus XCI. Hyems XXCIX, &c.

Plinius lib.18.cap.25. Cardo, inquit, temporum quadripartita anni distinctione constat per incrementa lucis. Augetur hæc à Bruma & æquatur noctib. verno æquinoctio diebus XC. tribus horis. Deinde superat noctes ad Solstitium diebus XCIII. horis XII. vsque ad æquinoctiū Autumni: & tum æquata die procedit tum ex eo ad Brumam diebus LXXXIX. horis iii. & subdit. Omnésq; ea differentiæ fiunt in octauis partibus signorum. Bruma, Capricorni ad VIII. Calend. Ianua-

Ianuarii ferè. AEquinoctium vernum, Arietis: Solstitium Cancri: alterumque AEquinoctium, Libræ, &c.

Iam Bruma Varroni de ling. La. à breuitate dierum dicitur, nempe tunc est breuissimus dies. Et fortasse per syncopen à Græca dictione βραχύημαρ nuncupata sic à Latinis videatur. Quibusdam Bruma, Solstitiū Hyemale nuncupatur: vt Columella lib. 11. cap. 2. & Macrobio lib. 1. Satur. cap. 27. quanquam sunt qui hoc minus Latine dici putēt, in queis est P. Victorius in explicationibus suis in M. Varronis numerū 46. lib. 1.

Solstitium contrà, dies est anni longissimus: sic dictus, vt Varroni placet, quod Sol eo die stare videatur, & ea forma dicitur qua Iusticium. Etsi autem à Solstitio Solstitialis deducitur (nam & solstitialem morbū dicimus qui Solstitio, sub caniculam, & quicumque æstu sanit, & herbam solstitialem, quæ æstate media crescit) tamen ea dictio plerumq, idem quod Solaris significat. Linius, desuntque dies solido anno qui Solstitiali circumagitur orbe: id autē est Solari orbe, & Solinus quà solstitiali plaga obuia est. 1. plaga solari quæ meridies est. Cæterum reuersiones Solis quæ à Latinis Bruma & Solstitium dicuntur, Græcis τροπαί appellantur ἡελίω

& χημερινή.

AEquinoctiū est cùm Sol venit in medium spatium inter Brumam & Solstitium, vt inquit Varro. quòd dies aquus sit & nox æquinoctium dictum. æquidiale, inquit Festus, apud antiquos dictum est quod nos æquinoctiale nunc dicimus. quia nox diei potiùs quàm dies nocti annumerari debet. græci quoque in hoc consentiunt ισημερίαν id est æquidiale dicentes. Hæc Festus Pompeius.

Est autem æquinoctium duplex. Alterum Vernum cùm Sol est in Ariete; Alterum Autumni, cū Sol est in Libra. vt supra dictū est.

Notatu verò etiam dignum est AEquinoctium non tātùm esse breue illud tempus vnius aut duorum dierum quo æquātur spatia diurna nocturnis, sed lōgiorem temporis tractum & interuallum, vt ab ipso verno æquinoctio propè ad Vergilias: Cicero.

Nunc quidem nos moratur AEquinoctiū quod valde perturbatū erat. atqui scribebat hoc Cicero vt ex epistola liquet, XVII Calendas Iunias. Scribunt vero nostra huius tempestatis astrologi AEquinoctium vernum die X. Martij hora prima à meridie minuto XXX contingere. Autumnale verò die XIII. Septembris hora secunda.

DE

EIVS PARTIBVS. 15

DE MAGNO ANNO EX VARIIS Auctoribus.

OENOPIDES Chius Astrologiæ cum primis peritus cùm dedicaret in Olympiis legū tabulam inscripsit in ea Astrologiam annorum quinquaginta nouem, affirmans hunc esse magnum annum. Hæc AElianus titulo De quibusdam Astrologis.

Meton Lacedæmonius, vel, vt alii, Lacedæmoniensis astrologiæ peritus columnas statuit, & in eis cursum Solis adnotauit atque magnum annum, vt ipse dicebat, adinuenit, quem intra nouemdecim annorum curriculum conclusit, eóque ἐνιαδεκατηεὶς dicebatur. Quidam huic numero addūt intercalationes septem.

Iosephus lib. 1. antiquit. Iudaicarum cap. 3. aut secundum veterem tralationem cap. 8, ex annis sexcentis magnum annum cōstare scribit: quo loco nonnulli nongentis scribunt.

Plutarchus de placitis philosophorū lib. 2. cap. 32. & vltimo, Annus, inquit, Saturni quidem est annorum ambitus vertentium XXX. Iouis autem XII. Martis duorum. Solis XII menses. totidem Mercurij & Venerū. pariles enim eorū cursus. Luna dies XXX. Hic enim perfectus mēsis ab Luna ad intermēstruam. cæterum quidā annū octennium

esse existimauerūt. Nōnulli annos vndeuice
nos sunt qui vndesexagenos. Heraclitus ex
duodeuicenis annorum millibus constare pu
tat. Diogenes ex tricenis quinquagenis qui-
nis supra Heraclisi annum. Alij ex septenis
millibus tricenu septuagenis septenis.

Democritus Abderites annum magnum
confecit ex annis communibus seu vertentibus duobus & octoginta ac intercalatoriis
mensibus octo & viginti.

Diuinus Hipparchus trecentos quatuor
annos in suo anno magno numerari voluit
in quo bis centies decies intercalabatur.

ANNVS MAGNVS CHALDAI-
cus constat ex annis XII. vertentibus ideóq̃
δωδεκαετηείς dictus est, sicut & ἐκπαετηείς
magnitudo octo annorum vertentium qua
etiam ἐννεατηείς dicebatur quia initium eius
nono quoque anno redibat. Illud octenniū:
hoc nouennium Latinè dicatur. Ludi Delphici qui Pythia dicebātur, hoc interuallo tēporis id est noni anni initio celebrabantur.
Erat & τεζετηείς id est quadriennium: quòd
tempus quatuor annis vertentibus constat,
& πεντετηείς etiā dicitur, quòd quinto quoque anno rediret, vt certamen olympicum
Ioui ab Hercule dicatum quinto quoque
anno incipiente conficiebatur: & Olympias
hac

hac annorum magnitudo est nuncupata, qua
Græci historiographi in notandis temporibus
vsi sunt. Idem tempus anni Romani magni
fuit, quod Lustrum appellabant à Seruio Tul
lio Rege constitutum, vt quinto quoque
anno redeunte, censu ciuium habito Lustrū
conderetur. Lustrum, inquit Varro, nominatum tempus quinquennale à luendo id est
soluendo quòd quinto quoque anno vecti-
galia & vltro tributa per Censores persolue-
bantur.

 Fuit & annus magnus duorū annorum
vertentium τριετεὶς dictus quòd tertio quoque anno intercalaretur, vnde mysteria
quæ alternis annis Libero patri celebrabantur trieterica à poëtis dicuntur.

 ARISTOTELES apud Censorinum
annum maximum potiùs quàm magnum
appellat eum quem Sol & Luna vagarúm-
que stellarum orbes conficiunt. cùm scilicet
ad idem signum, vbi quondam simul fuerūt
vnà referuntur. Cuius anni summa hyems
est κατακλυσμὸς, nostri diluuium vocant.
Æstas verò πύρωσις κόσμου, id est mundi
incendium seu conflagratió. His enim alternis temporibus mundus tum ignescere tum
exaquescere videtur. Hunc annum verè
vertentem esse Cicero scribit & Macrobius

B.

mundanum appellat, quia conuersione plenæ
vniuersitatis fiat, earum etiam stellarum
quæ propter tardissimum eóque incomprehensibilem earum motum, cælo infixæ videantur. Hunc annum Aristarchus constare
putauit ex annorum vertētium duobus millibus quadringentis octoginta quatuor: Aretes verò Dyrrachinus ex quinque millib.
quadringentis quinquaginta duobus: Heraclitus & Linus decem millium octingentorum, Dion decem millium nongentorum
octogintaquatuor maximum annum esse
affirmauit. Macrobius annorum quindecim
millibus eum censeri scribit. Alij infinitum
esse, nec vnquam in se reuerti existimauerunt. Iccirco Cicero variæ hac in re opinionis
non ignarus in somnio Scipionis de hoc magno anno loquens ita ait, In quo vix audeo
dicere quā multa hominū secula cōtineātur.

   FIRMAMENTVM proprio motu in
ducentis annis vnum zodiaci gradum percurrit, atq̃ ita totū zodiacū absoluit quadraginta nouē millibus annorū: quod spatiū magnū annū Platonis aliqui vocāt quo exacte
omnia sint pristinum ordinem habitura.

   CICERO lib. de vniuersitate: Attamen
illud prospici & intelligi potest absoluto perse
ctóque numero temporis absolutum perfe-
ctumq̃

EIVS PARTIBVS. 19

ciuí̧, annum tunc compleri. denique cùm se
octo ambitus confectis suis cursibus ad idem
caput retulerunt, cúmque eos permensus est
idem & semper sui similis orbis.

AB exortu canis matutino seu heliaco Annus
(canem autē diebus 24. post Solstitiū oriri lib. cynicus.
18. cap. 47. scribit Plin. Censorinus vicesimo
die Quintilis) AEgyptii suum magnū annū
inchoabãt, quē κυνικὸν & ἡλιακὸν vocabant
quoties scz. primus dies Thoth cū hoc exortu
canis congruebat. Continebat verò annus
ille κυνικὸς dictus annos communes AEgy
ptios M.CCCC.LXI.Iulianos verò annos 1461.
M.CCCC.LX. Plinius lib. 2. cap. 47.   1460.

CASTA fane Lucina, tuus iam regnat
Apollo. Hæc dum canit Virgilius in Buco-
licis alludere videtur ad principium magni
anni quem cecinit Sybilla procedere & decur
rere à consulatu Pollionis, cui tunc temporis
natus est Saloninus, quē natum tam fœlicem
futurū adulatoriè dicit poëta, vt visurus sit
heroas suæ tempestatis cum diis permistos.
haud secus quàm in illa etiam integritate
& probitate aurei seculi deos versatos cum
hominibus credebant: eo quòd tum homines
propè sublatis scelerus vestigiis vitam de-
orum vinebant. Innuit ergo poëta natales Salonini incidisse in principium aurei

B. ii.

seculi, eóque orbem Pollionis virtute pacatum à Salonino rectum iri in longa pace & quæ in multos annos processura sit, non illos quidem vertentes & communes, cuius etiam menses vertentes sint, sed in magnos annos, & cuius etiam menses magni futuri sint. vt si, verbi gratia, magnus annus fuerit centum quadraginta quatuor vertentium: duodecim anni mensem vnum magnum efficiant, & pro vno mense sint, qui magnus dicatur.

ANNVS IVBILÆVS, Erat quinquagesimus quisque, qui pluribus cum suis ceremoniis describitur Leuitici 25. Deducitur à voce hebræa quæ buccinā significat quòd scz. ille annus buccina significandus & annūciandus erat. Primus autem Iubilæi annus fuit primus annus ingreßionis in terram Chanaan, quintus annus Iosue Ducis, & annus mundi. 2493. A quo vsque ad prædicationem Ioannis Baptistæ & Baptisma D. Iesu Christi viginti nouem quinquagenarij seu Iubilæi cum annis 49. fluxerunt.

DE VARIA INTERCALANDI
ratione.

ÆGYPTII dies quinque quotannis ad anni sui finem, vt suo loco dicetur, intercalant.

ARA-

EIVS PARTIBVS. 21

ARABES & Hebræi tertio quoque anno mensem unum dierum triginta trium ad anni sui finem intercalant, quam intercalandi rationem etiam aliquãdiu secuti sunt Attici.

ATTICI tandem octauo quoque anno reuoluto menses tres dierum singulos tricenùm ad anni octaui finem intercalant.

ROMANI quarto quoque anno incipiente diem unũ intercalarium interserunt ad sextum calend. Martias.

CICERO actione 4. in Verrem ferè ultra medium orationis aliam quãdam intercalandi rationem affert, his verbis de Verre loquens: Est cõsuetudo Siculorum caterorúmque Græcorum, quòd suos dies mensésque congruere volunt cum Solis Lunǽq́; ratione, ut nonnunquam si quid discrepet, eximãt unum aliquem diem aut summum biduum ex mense, quos illi ἐξαιρεσίμους dies nominant. Item nonnunquã uno die mensem longiorem faciunt aut biduo. &c. & post, Tunc Cephaleditani decreuerunt intercalarium 45. dies longum, ut reliqui menses in suam rationem reuerterentur. Ex quo liquet dies exẽptiles (hi sic dicuntur quòd eximantur & tollantur de anno) contrarios esse intercalaribus, qui interseruntur & addun-

B. iii.

tur. exemptiles etiam ἀφαίρετοι dicuntur.

MENSIVM QVORVNDAM SPAR-
sim ab auctoribus citatorum nomina
quorum integra ratio nondum
comperta est.

ALALCOMENIVS, Bœotis Mema-
cterion, Plutarcho in Aristide. de hoc
in mœmacterione. Alalcomenas urbem I-
thacensium nominat Plutarchus problemate
Rom. 153.

BVCATIVS primus mensis Thebano-
rum, Plutarcho in Pelopide.

CARNIVS vide in Metageitnione.

CRONIVS vide in Hecatombæone.

DAMATRIVS Bœotis, Athyr Ægyptiis,
Pyanepsion Athenien. vide in Pyanepsione.

DELPHINIVS Celius lib. 8. cap. 6.

DIOSCVRVS. Machabeorum XI. nisi
vitiatus est locus pro Dystron. vide in Dystro.

GERASTIVS. Huius meminit Thuci-
dides lib. 4. cap. xv. vide in Elaphebolione.

HIPPODROMIVS Bœotis, Atheniensibus Hecatombæon. Plut. in Camillo.

LENÆVS vel Leneon, Hesiodo: de quo
& Gaza in mensibus Atticis.

MERCIDINVS, Plutarcho in Numa. idem videtur qui in Cæsare eidem
dicitur Mercedonius. vide in anni Romani
tracta-

EIVS PARTIBVS.   23

tractatione in Numa: & vide num sit allusio ad nomen id quod habetur Machabeorū 2.cap.15.quo loco scriptum est:pridie Mardochei die.vide in Adar.

MÆSVIS lingua Osca mensis Maius: Fest.Pompeius.

MINOVS mensis apud beatorum insulas, Luciano initio libr. 2. verarum historiarum.   Hactenus.

Anni Aegyptij
RATIO.

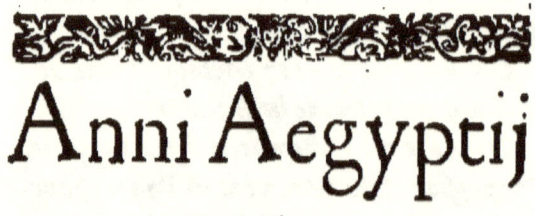NNI exterarum & præcipuarum ferè totius orbis gentium rationem reddituri cùm essemus, ipsúmque cum anno Romano collaturi:ab AEgyptio dicendi initium facere voluimus,quòd apud solos AEgyptios,anni certum semper modum fuisse (cùm aliarum gentium dispari numero,pari qua apud priscos Romanos ratione nutaret) præter Macrobium confirmare & testari videri queat Herodo.Halicar.in Euter   Cap.8.l.1. Satur. Initiol.2.

B. iiii.

pe sic post alia scribens: Hæc ita referebant inter se constare, Omnium primos AEgyptios annum comperisse, distinguentes eum in duodecim temporum menses. Idque comperisse ex astris. eo scientius, ut mihi quidem videtur, hoc agentes quàm Græci, quòd Græci, tertio quoque anno, intercalarium mensem introducunt, těporis gratia: AEgyptii, tricenis diebus, quibus duodecim menses taxãt, adijciunt huic numero quotãnis quinos dies, unde eis ratio circuli temporum constat eodem redeũtis. Cur autem apud AEgyptios potiùs quàm apud ullos alios populos, anni semper certus modus fuerit, ex infinitis auctoribus discere liceat quorum hic nominatim citabo testimonia. Primùm Plato in Epinomide scribit spectatorem lationum & anfractuum cælestium Barbarum fuisse, quem antiqua regio ob cæli serenitatem aluerit. qualis est, inquit, AEgyptus & Syria, ubi stella semper omnes, ut ita dixerim, clarè cernuntur: quia cæli aspectum nubes & pluuiæ non impediũt

Lib.2.de origine erro. c.14

Et Lactantius scribit etiam, eos de filiis Noe qui omnium primi AEgyptum occupauerũt cælestia suspicere atque adorare cœpisse. Et quia, inquit, neque domicilius tegebãtur propter aeris qualitatẽ (nec enim in ea regione nubibus subtexitur cælum) cursus syderũ & defectus

defectus notauisse, dum ea sæpè venerantes, curiosiùs atque liberiùs intuerentur. Et Iosephus etiam scribit apud Ægyptios Chaldæos & Phœnicas res gestas antiquissimam & permanentem habere memoriæ traditionem, quòd locis omnes inhabitent, quæ nequaquã aëris corruptioni subiaceãt, & quòd multam prouidentiam habuerint, vt nihil eorum quæ apud eos aguntur sine memoria relinquatur. Quin & Strabo tradit sacerdotes Ægyptios excurrentes diei ac noctis particulas supra trecentos sexaginta quinque dies Platoni & Eudoxo, qui eius rei discenda gratia annos tredecim cum illis versati fuerant, tradidisse. Diodorus quoquè Siculus de Thebais sacerdotibus loquens, docet menses ab eis & annos esse institutos: eosque, dies nõ secundũ Lunam sed secundũ Solem metiri, dierumque triginta mensem conficere. Item dies quinque mensibus duodecim adiungentes anni cursum perficere. Intercalares menses non interponere, neque dies subducere, vt Græcorum quidam. Sed & fidem etiam faceret Pomponius Mela, ni historiam fabulis condiret, in particulari Asiæ descriptione de Ægypto loquens: Ægyptij, inquit, vetustissimi hominum, vt prædicãt, trecẽtos & triginta Reges ante Amasim, & su

Lib.1.contra Appionem.

Lib.geog 17.

Lib.1.c.9

pra tredecim millium annorum ætates certis
annalibus referunt. mandatúmque literis
seruant, dum AEgyptij sunt, quater cursus
suos vertisse sydera, ac solem bis iam occidisse
vnde nunc oritur. Quanquam Berosus primam AEgypti Dynastiam refert ad annum
mundi 1788. Scio tamen Plutar. in Numa
scribere, Romanos primùm, annũ X.tatum
mensibus, vt & quosdã Barbaros tribus: Ar-
cades, quatuor. Acarnẽses, sex: AEgyptios, v-
nico tatum mense annũ cõposuisse, ac deinde
quatuor. Vnde sit, inquit, vt hi quanquã no-
uissimam terram incolant, vetustissimi tamẽ
putentur esse, ingentem annorum multitudi
nem in recensione generis afferentes, quippe
qui menses in annorũ numero ponant. Xeno
phon etiam apud Berosum lib.1. de æquinocis
temporũ hæc habet: AEgyptij ipsi vtutur anno quãdoq, mẽstruo, sæpe bimestri, nõ raro tri
mestri, sæpe quadrimestri, nonnunquã Solari.
Idẽ habet Plin.l.7.cap.48. Solinus cap.3. Au
gustinus lib. de ciuitate Dei.12.ca.10. Verius
id esse credam quod Iosephus scribit antiqui
Secun- tatũ Iudai. lib.1.cap.8. Abrahamũ, fame ter
dum ve- ram Chanaan inuadente, audita AEgypti
terem tra
l:tionẽ vbertate proficisci illuc decreuisse, & profe-
cap.16. ctum, numerorũ scientiam & syderũ benignè
illis cõmunicauisse. nã ante Abrahami ad se
aduen-

aduentū, AEgyptii, inquit, erant rudes eiusmodi disciplinarū, quæ abs Chaldæis ad AEgyptios profectæ hinc ad Græcos tandem peruenerūt. Sed vtcumq, sit, ab AEgyptio anno hãc anni tractationē exordiemur, non prius tamen quàm docuerimus Babylonios & Persas in anni quātitate, eiusdē principio, & mēsiū partitione cū AEgyptiū conuenire, in eoq; imitari solaris circuli dimensionem. Nã mensem ita diuidūt in triginta, vt signū vnū in triginta partes diuidimus. Vltimo tamē mēsi, quē Mesori vocant, quinque dies velut auctarij vice superaddunt. Itaque intercalatione facta annus totus constat diebus 365. neglecto interim quadrāte diei, qui supra illos dies excurrit. Differt autem anni AEgyptij initiū à Græco, quòd initiū Græci, à Solstitio æstiuo seu à meridie primi diei Hecatombæonis primi sui mensis, pendet: AEgyptiaci anni initium nullo modo pendet ab aliquà troporum quatuor anni circuitus Solis conuersione, sed à meridie primi diei primi sui mensis Thoth qui singulis quatuor annis, vnius diei interuallo anticipans, à consequentibus migrat in antecedentes, propter quadrantem diei, quo annus Romanus AEgyptiū superat. quæ causa est etiā quamobrē nec AEquinoctia apud AEgyptios nec Solstitia stabilia

ANNI ÆGYPTII

esse possint, sed in consequentia progrediantur, sicut in nostro anno Iuliano paulatim anticipāt, quia plus iusto, vt suo loco dicem⁹, intercalatur. Quomodo autem singulis quatuor annis Ægyptius annus vnius diei interuallo anticipans à consequentibus redeat in antecedentia, exemplo tibi, doctrinæ gratia, patefaciam.   Anno Domini M. D.

1540.
1541.
1542.
1543.

X L. & tribus sequentibus, primus dies Thoth primi apud Ægyptios mensis, concurrebat cum tertio die nostri Augusti: Anno 1544. & tribus itidem sequentibus cum secundo eiusdem Augusti: Anno 1548. & trib. sequentibus cum primo eiusdem Augusti: Anno 1552 & trib. ordine sequentibus in tricesimum primum & vltimum Iulij incidebat idem primus dies Thoth, vt iisdem modo & via Ægyptius annus, quarto quoque vt dictum est anno, vnius diei interuallo anticipans à consequentibus redeat in antecedentia, secundum quam rationem post annos cētum vigintiquatuor ab vltimo die mensis Latini dierum vnius & triginta, vt verbi gratia Iulij, primus idem dies Thoth retrolabetur ac recidet in primum mensis Iulij, sicut post centum & viginti annos ab vltimo die mensis dierum XXX. vt verbi gratia Iunij, idem primus dies Thoth, in primū
eiusdem

eiusdem Iunii recidet. Id quod contingit, propter causam antedictam, nempe quòd AEgyptii quadrantem diei, qui abundat supra trecentos sexaginta quinque dies, prorsus negligunt, neque supra dies quinque exactiorem numerum admittunt. Sanè idipsum etiam contingeret in nostris Iulianis & Europæis annis, nisi horarum sex seu quadrantis diei, qui superexcedit numerū dierū trecētorum sexaginta quinq̃, quarto quoq̃ anno, quãdo citius non possumus, ratione haberemus. Singulis ergo olympiadibus initia AEgyptiorū mensium transeunt in proximum & antecedentem diem mensis Iuliani. vt in centum aut mille annis tot sint Olympiades quot sunt dies totis illis annis anticipationis. Ex quibᵒ colligere licet AEgyptii anni principia tēporibus mutari, & primum mensem Thoth aliàs in Ver, aliàs in AEstatē, Autumnū etiã & Hyemem incidere posse. ac tandē vbi vagatus sit per singulos totius anni Romani seu Iuliani dies, expletis scilicet mille quadringentis sexaginta annis, ad idem principium redire. vnde apparet Lactantiū firmi. lib. 1. cap. 6. de falsa religione, falsum fuisse, qui Thoth Septembri nostro respondere putauit, dum ex Cicerone scribit, Mercurium quintū fuisse eum à quo Argus occisus sit, ob eáque

3. de natu. deo. sub persona Cottæ.

causam AEgypto præfuisse, atque AEgyptiis leges & literas tradidisse. Hunc AEgyptij, inquit Cicero, Thoth appellant, eodemque nomine anni primus mésis apud eos vocatur & Thoth id est September nomen accepit. hactenus Lactan. Falsus quinetiam est & au ctor Epigrammatis quod habetur in fine lib. 1. Epigrammatū Græcorū eo quòd nulla habita supradictorum ratione menses AEgyptios cum Romanis cóferre voluerit, & Thoth Septembrem esse ex titulo dixerit: nisi si fortasse vtrumque aut sui temporis rationem habuisse, aut ordinem etiam singulorum mensium AEgyptiacorum nobis exponere voluisse, aut ad annum cynicum respectum habuisse dicas. Ascribā hic tibi lector Epigramma vt & nomen mensium AEgyptiorum & eorum ordinem videas. Id sic habet.

Μῆνες Αἰγυπτίων. Σεπτέμβερ۞.

1 Πρῶτ۞· Θὼθ ἰδὰν ὁριπαίαν Θαὶ Βότρυν ἰὴ ὀίᾳης.
2 Ἰχθυϲόλωσι φαωδὶ φίρει παιδήμιον ἄγρωα.
3 Πλπάδῳν φαίνεσαν ἀθὺρ τιμαρίστα ὅρπω.
4 Χοιὰκ ἀπειρεμβίων σαχύων δ'οίκιυσι χυϊθλιω.
5 Τυϲὶ ἡ πορφύρεω βυλεφόρρι αἶρα σπανιᾷ.
6 Σμμσίρὶ πλωτάροι μαχὰρ πλόοι ἀμφιπολάῦμι.
7 Ἀριφ· ὅπλα φίρει φαιμὼθ λίκτυσι μεχευῆς.
8 Εις·

RATIO.

8 Εἰαρινῶν ταμιῶν ἰάλλων ἀγροτέρ᾽ ἰχθ᾽ ὀζι.
9 Λίϊα δ᾽ αὐ ἐκδύνῃ Παχὼν ἀρπαλέωσι φυλάσσῃ.
10 Εὐκέρῳ γ᾽ Παῦνι ἀγράξῃς βοῶν ὀπώρας.
11 Καὶ σταφυλὴν κατέχων διαμπλύει βοῶν Ἐπηφί.
12 Καὶ μητρὶ Νείλῳ φέρει φυσίζοον ὕδωρ.

Nos eos versus vtcunque sic Latinè reddidimus.

Nomen & ordo Mensium AEgyptiacorum.

MENSES ÆGYPTIORVM.
September

Thoth.	Primus Thoth nouit falcem committere in vuas.	Alias Phaophi.
Phaothi.	Omnigenos adigit pisces in rete Phaothi.	
Athyr.	Pleiadum exortus Athyr apto tempore signas.	
Choiac.	Ast satæ segetis Choiac primordia prodit.	
Tybi.	Pandit Tybi togas, & tinctas murice vestes.	
Mecheir.	Signa Mecheir poscet naues committere ponto.	
Phamenoth.	Armigeri iactat Phamenoth insignia Martis.	
Pharmuthi.	Ast verna Pharmuthi rosa præmatura extat.	
Pachon.	Flaua Pachon curua seruat cerealia falci.	
Payni.	Mitia ferre solet facundus poma Payni.	
Epephi.	Vitiger atque vuis pulchrè est redimitus Epephi.	
Mesori.	Vinificus Mesori pinguli Nili excitat vndas.	

ANNI ÆGYPTII

DE HIS MENSIBVS IOANNES
Bapt.pius adnotationum posteriorum
cap. 65.

Nilus singulis annis inundat, idque à
Solstitio æstiuo ad AEquinoctium, & adeo
terram adducto limo facundat, vt segetes
quatuor aut quinque mensibus exactis ad
messem redeant. ~~Munherus in Ptol~~.

Ὅτι ὁ ἥλιος ἐν λέοντι ὁ Νεῖλος ἀναβαίνει. i.
cùm Sol est in Leone, Nilus inundat. Theon
Arati interpres in carmine de Cancro &
Leone.

Certè eundem & ordinem & nomen idẽ
iisdem etiam mensibus attribuit AEtius medicus perstatiss. in extremo fine lib. 12. seu tetrabibli tertiæ sermone 4. cap. 48. vbi dictam
podagricis instituit his verbis:

Thoth. 1. Septembri lac & edant & bibant.
Alij Phaothi. Phaophi. 1. Octobri allia edant.
Athyr. 1. Nouembri in totum non lauent.
Choiac. 1. Decembri brassicam ne edant.
Tybi. id est Ianuario manè meracũ bibant.
Mecheir. 1. Februario betam ne edant.
Phamenoth. 1. Martio dulcia cùm in cibo
tum in potu sumant.
Pharmuthi. 1. Aprili raphanũ ne gustent.
Pachon. 1. Maio polypum ne edant.
Payni. 1. Iunio manè frigidam sumant.
Epephi.

Epephi. 1. *Iulio à venereis abſtineant.* Alij Epi-
Meſori. 1. *Auguſto maluam ne edant.* phi.
Alij Me-
ſori.

Hac ille. *Affirmare tamen pro certo non audeo an menſium Latinorum ad AEgyptiacos addita interpretationes Aetii ſint, an vero interpretis Cornarii. quòd codice Græco deſtitutus eſſem. Vtcunque ſit vides tamen Lector, idem & nomen & eundem ordinem menſibus AEgyptiacis cùm ab auctore Epigrammatis tum ab AEtio medico celebri & claro attribui.* Ex hoc ordine intelligi datur eu locum qui eſt apud Ioſephum antiquitatum Iudaic. cap. 5. & ſecundum veterem tralationẽ cap. 13. lib. 2. mẽdoſum eſſe: qui ſic habet. Deus iuſſit Moſen edicere populo vt paratum haberent ſacrificium præparatũ decimatertia Xanthici menſis in quartamdecimam, qui apud AEgyptios Pharmuthi dicitur, idem Hebræis Niſan & Macedonibus Xantichus. Nam hæc verba, qui apud AEgyptios Pharmuthi dicitur, & quæ ſequuntur, ex margine in contextum irrepſiſſe credam. Conſtat enim Pharmuthi ordine octauum eſſe, vt ex ſuperiori cùm Epigrammate tum AEtii loco colligi poteſt.

Quinetiam Plinius lib. 6. cap. 23. quorundam ex his meminit his verbis. Ex India renauigant menſe AEgyptio Tybi, incipien-

C.

te nostro Decembri, aut vtique Mecheiris AEgyptii intra diem sextum: quod fit intra Idus Ianuarias nostras. ita euenit vt eodem anno remeent.

IDEM auctor & libro vigesimoseptimo capite duodecimo de Myosotide loquens, Tradunt AEgyptij mensis quem Thoth vocant die XXVII. fere in Augustum mensem incurrente, si quis huius herbæ succo inungatur, &c. quo loco male legitur Thiatim pro Thoth.

Plinij locus emēdatus.

Mesori meminit Lucianus in Philopatrida.

Sanè Theon Arati Φαινομβρών interpres in carmine de Hydra (quam AEgyptij Nilum esse volunt) trium mensium Thoth, Epephi & Phaophi meminit his verbis, Ἡ γὰρ κεφαλὴ τῦ ζωδίυ ὅτι πἐὶ τλὼ ἱεϱὰν μοῖϱαν τῦ καϱκίνυ πἐὶ τὸν Ἐπιφὶ μλῶα, ὅς ὅτι κτ Ῥωμαίοις Αὐγύστος, ὅτε τὸ μεσαίτατόν ὅτι τῶ τῦ Νείλυ ἀναβάσεως. τὰ δὲ τελδἶαῖα αὐτῆ πἐὶ τλὼ πάϱθενον πἐὶ τὸν Θωθ, ὅς ὅτι Σεπτέμβειρος· ὅτι καὶ τὰ τελδἶαῖά εἰσι τῆς τῦ Νείλου ἀναβάσεως. ἡ δὲ οὐϱὰ αὐτῆ πἐὶ τλὼ κεφαλὼ ὀφείλει ἦ τῦ Κενταύϱου, ἵνα καὶ ὑπὸ Χηλὰς ἦ τὸ τέλος αὐτῆ. τῷ γὰϱ Φιωφὶ παύεται ὁ Νεῖλος. ὅς ὅτι

ἔςτι κỳ Ῥωμαίους Ὀκτώβει Θ. *Id est,
Caput enim signi (de hydra autem loquitur) Cancri magnam partem occupat,
circa Epephi mensem, qui Romanis Augustus est, ac medium tempus accretionis
& incrementi Nili.*

EXTREMA *verò ipsius circa Virginem circiter mensem Thoth, qui secundum
Romanos September est, extremúmque
tempus inundationis Nili. Cauda vero ipsius ad Centauri caput esse debet, vt
& Chelas ipsius extremum occupet. Nam
Phaophi mense, qui Romanis October
est, subsidit Nilus & crescere desinit: Hac
ille.*

CÆTERVM PLVTARCHVS *e-
tiam primi, quarti & octaui mensium AE-
gyptiorum meminit in Romulo initio, cùm
scribit Tarutium quendam professione
Mathematicum audacter intrepidéque
ad propositam à Varrone Philosopho Romano de die natali Romuli quæstionem, pronunciauisse Romulum conce-
ptum fuisse anno secundæ Olympiadis primo, vicesima tertia die mensis eius
qui Ægyptiis Choiac dicitur hora tertia cùm Sol totus deliquiũ pateretur. Na-*

C. ii.

tum autem esse mensis Thoth die vicesima prima circa Solis ortum. Romam ab ea
conditam die nona mensis Pharmuthi inter secundã & tertiam horã. Hæc ille. Ex qua
historia nonimestrem fuisse Romulum videre licet, cùm à Choiac mense conceptus,
Thoth natiuitatis mesis nonus sit. Cæterum
Sempronius de diuisione Italiæ vna cum
Beroso impressus L. Carrutium nominat eũ
quem hic Plutarchus Tarutiũ vocat, & scribit Romam conditam XI. Calend. Maias
inter secundam & tertiam horam Sole in
Tauro: Luna in Libra: Saturno, Venere,
Marte, Mercurio in Scorpione: Ioue in
piscibus.

   Tertii verò mensis, qui est Athyr meminit idem Plutarch. in Iside his verbis Καὶ
γὰρ Ἀθήνησι νηστεύουσιν αἱ γυναῖκες ἐν Θεσμοφο-
ρείοις χαμαὶ καθήμεναι· ὅτι δ' ὁ μὲν ἕτ Θ
σει πλειάδα σπόρειμΘ ὃν Ἀθὺρ Αἰγύπτιοι,
Πυανεψῶνα δ' Ἀθηναῖοι, Βοιωτοὶ Δαμάτριον
καλέουσιν. i. Etenim mulieres humi decumben-
tes Athenis in Thesmophoriis ieiunant. Est
autem mensis hic circa Pleïadas sementi dicatus, quem AEgyptii Athyr, Athenienses
Pyanepsionem, Bœoti Damatrion vocant.

   Alij mensibus AEgyptiacis hæc etiam
nomina attribuunt, quæ vulgaria & recen-
tia

RATIO. 37

tia esse credam & apud eos hodie usurpata, mista ex Barbara & Turcica lingua.

1	Thuth		
2	Bala	vel	Baba.
3	Hetur	vel	Accor.
4	Heybic	vel	Ahyahy.
5	Thoba	vel	Sobbi.
6	Amihur	vel	Mayr.
7	Barmaher	vel	Phamenith.
8	Barraioda	vel	Sarmorum.
9	Bixbuoch	vel	Macor.
10	Zuba	vel	Zeusi.
11	Abili	vel	Aeticha.
12	Mazre	vel	Mansori.

Annvs ergo AEgyptius habet menses xii. meses singuli habet dies x xx. Triginta autē duodecies multiplicati trecētos sexaginta dant, quæ summa est dierum anni AEgyptiaci ante intercalationem.

Ad finem autem vltimi mensis, dies quinque quotannis intercalātur, ita vt tum annus dies trecentos sexaginta quinque habeat.

Anno 1560. 61. 62. 63. Primus dies Thoth concurret cum xxix. Iulij.

C. iii.

Anno 1564.65.66.67. Annus Ægyptius incipiet à xxviii. eiusdem Iulij.

Anno 1568.69.70.71. Idē annus AEgyptius incipiet à xxvii. Iulii. Seu si vis primus dies Thoth concurret cum eodē Iulii xxvii.

Anno 72.73.74.75. Idē prim⁰ dies Thoth, q & primus anni est, cū xxvi. Iulii cōcurret.

De primo anni Ægyptii die diximus. Iam quod ad vltimum anni diem attinet cōperies Ephemeride constructa vltimū diem trium primorū annorū communiū, scz. 1560. 61. 62. ante intercalationem incidere in Iulii 23. post intercalatos verò ad finem vltimi mensis dies v. in 28. eiusdem incidere. vt videas nullum omnino diem vel redundare vel deficere inter anni finem & eius initiū. quippe xxviii. die Iulii annus 1560. & duo sequētes terminātur, incipiunt autē hi anni à xxix. eiusdē Iulii abs quo annus incepit.

Quarto verò eóque bissextili anno nempe 63. propter intercalationem Romanam ad sextum Calend. Martias factam, vltimus dies anni Ægyptii recidet in xxvii. eiusdē Iulii. Atque hic xxvii. ostēdet tibi interea diem se præcedentem id est, xxvi. diem daturum initium quadriennio futuro, annis scilicet 64.65.66.67. quod obseruandum tibi erit in quotquot quadrienniis quorum ephemeridem

meridem construere voles.

Quin & meminisse oportebit, de more quarto quoque anno Romano ad sextum Calendas Martias diem vnum, & quotannis ad finem Mesori vltimi Ægyptii mensis dies quinque intercalare. ac primum annum quadriennii AEgyptii semper post annũ Bissextilem Romanum inchoare. Sic comperies quadriennio expleto & cõfecto primum diem Thoth vnius diei spatio anticipare & retro in anteriora ferri: & , verbi gratia, ab vltimo die mensis Iunii ad primum eiusdem redire, post annos centum viginti. ac sic vagari posse per omnes dies & mẽses Iulianos. & tãdem à Calendis, verbi gratia, Augusti ad easdem Calendas reuerti, intra annos Mille quadringentos sexaginta. Porrò verò de quinque diebus intercalatoriis loquitur Strab. lib. Geograph. 17. in hæc verba. τούτων ἢ ὅτι καὶ τὸ. τὰς ἡμέρας μὴ κτ̅ Σελήνlω ἄγεν, ἀλλὰ κα δ' ἥλιον τοῖς τριακονθημέροις δώδεκα μησὶν ἐπαγόντων πέντε ἡμέρας κατ' ἐνιαυτὸν ἕκαστον. i. Hi verò (de Thebanis autem sacerdotibus loquitur) dies anni non pro Luna sed motus Solis ratione dispẽsant, ad tricenarios 12. menses quotannis dies 4. superadiicïetes.

Sanè Epiph. Constantiæ Cypri Episcopus
C. iiii.

quorundam etiam ex his meminit mensibus, nominatim autem lib. primo contra hæreses tomo 1.contra hæresim XI.his verbis. Locant autem hi nouum mensem Azymorū post nouum annum qui sit in Autumno hoc est post mensem Thyri, qui Augustus apud Romanos appellatur, Messori apud Ægyptios, Gorpiæus apud Macedonas, Apellæus apud Græcos, &c. & paulò pòst contra hæresin LI. vndecimam Tybi cum quinta Ianuarii confert, & Phamenoth vicesima sexta Æquinoctium fuisse ait, quo die resurrexit Dominus, & ante vndecimum Calendas Aprilis, & duodecimam mensis Atyr dicit fuisse ante sextum Idus Nouembris. Eodem loco hæc etiam idem habet:

> Nato. n. ipso (de Christo loquitur) circa Ianuarium mensem hoc est ante octauum Idus Ianuarij, quæ est quinta Ianuarij mensis secundum Romanos, secundum AEgyptios Tybi XI. Iuxta Syros seu Græcos Audinæi sexta, iuxta Cyprios seu Salaminios* quinti quinta, Iuxta Paphios Iulij XIII. Iuxta Arabæs *Aleom XXI. Iuxta Capp.* Atarta XIII. Iuxta Hebræos Thebeth XIII. Iuxta Athenienses Mamacterionis sexta. Pertrāsiit prædictos consulatus vigintinouem plenos. in tricesimo vero consulatu circa decimum mensem

Margin notes:
Tomi 1. lib. 2.
*Corrupt9 loc9 videtur.
*Forte Almuharā.
*Forte Adar.

mensem venit ad Ioannem & baptizatus
est in Iordane fluuio tricesimo anno natiuitatis in carne hoc est secundum Ægyptios
Athyr mensis XII. ante sextum Iduum No
uembris, iuxta Græcos mesis Dij octaua,Iu-
xta Salaminios qui & Constãtiei tertii Cho
iac sexta, Iuxta Paphios Apogonici XVI.
Iuxta Arabas Angatalbaith XXII. Iuxta
Macedonas Apellai XVI. Iuxta Cappadocas
Aratata XV. Iuxta Athenienses Metageitnionis VII. Iuxta Hebræos Marhesuam
VII. & ibi per totum.

 Idē paulo ante locū supracitatū scribit Chri
stum baptizatū mesis Athyr secundū AEgyptios id est Nouēbris XII. Erat enim, inquit,
annorum vigintinouem & mensium decem
cùm ad Baptismum venit. Et tomo 1.lib.2.
Christi atas, inquit, anni triginta duo, dies
74. & paulò post: Reuera enim natiuitas
Christi certa contigit vndecima mensis Tybi. tum aliquot lineis pòst: Sic quidē coperi-
tur quod post duodecimā mesis Athyr.1. Nouembris abierit & tentatus sit diebus 40.

Idem libro de Ponderibus &
mensuris

 Scribit Valentinianum iuniorem magni
Valentini filium inuentum in Palatio stran-
gulatum, vt famá refert, Idibus Maii pridie

Pentecostes in die Sabbathi:ipsa vero die Pentecostes elatum esse. Erat autem tunc, inquit, secundum Ægytios mensis Pachon dies XXI. *Iuxta Græcos Artemisii mensis* XXIII. *secundū Rom.* XVII. *Calēdas Iunias.*

Intercalationis vero idem meminit tomi 1.lib.3. his verbis. Cùm enim, inquit, annus iuxta solarem cursum compleatur in trecentis sexaginta quinque diebus & horis tribus, contingit propterea quòd Luna facit annum suum in 354 diebus, ut deficiant cursui secundum Lunam dies XI. *& horæ tres. Et primo quidē anno fiūt Epacta appellatæ hoc est addititii dies* XI. *& horæ tres. Secūdo anno dies* XXII. *& horæ 6. Tertio dies 33. & horæ 9. & secatur unus mensis intercalaris appellatus. Intercalātur enim* XXX. *dies : relinquūtur autē dies 3. horæ 9. quæ apposita* XI. *diebus & tribus horis de anno quarto fiunt dies* XIIII. *& horæ.* XII. *Quinto autē anno appositis aliis undecim & tribus horis fiunt Epactæ* XXV. *& horæ* XV. *Et sexto anno appositis aliis* XI. *diebus. & horis trib. fiūt dies* XXVI *& horæ octodecim, quæ faciunt intercalarem mēsem unum, &c. Tum subdit, Atque sic per octennij circuitum intercalantur dies nonaginta, qui sunt plenißimi menses intercalares tres. Hactenus Epiphanius.*

Nos

RATIO.

Nos hæc quæ olim de Christi passione fueramus meditati ab hoc institu to aliena quidem, sed ne noster labor nobis periret, hîc addenda censuimus.

Scribit Epiph. l.2.tom.1.côtra hæresim 51, In mense Martio Christum perfecisse mysterium passionis, passum autem esse die ante decimū tertium Calendas Aprilis. Et alio loco côtra Tessarescedecatitas, hæresim 50, Re uera autem, inquit, velut ex multa certitudine cognouimus die ante XIII. Calendas April. Saluatorē passum esse accepimus. quidam ante x. Calend. April. asserunt. sed & hi à proposito exciderunt.

Sanè tam ex his Epiphanii verbis quàm ex eo quod omnes Euangelistæ scribunt Dominum Iesum instante festo Paschæ & Azymorum captum fuisse & crucifixum: satis côstat ipsum in Æquinoctio esse passū. Constat siquidem Iudæos ex præcepto Luna decima quarta mensis primi suum Pesah celebrauisse, vt Exodi 12. & Leuitici 23. Mensis autem primus erat mensis Nisan qui verni tēporis primus est. vt nos in anni Hebræi tractatione ostēdimus. Cū ergo Christus, vt ex eius historia licet etiam colligere, in ipso Æquinoctio passus sit, quo apud omnes gentes dies æquatur noctibus, sequi inde necesse est, vt Hierosolymis vbi passionis mysterium in nostram salutem actum est, tunc temporis dies horas duodecim nox totidem habuerit. Iam cum Babylonii & diem suum & horarum etiam suarum supputationis initium ab exorto sole inchoarent, Iudæi (hi in Babylonia sunt) quod ad sacra & ceremonias attinebat, à sole occaso, quæ duo in idem recidunt, Iudæorum autem supputandi rationem secuti sint in passionis historia tractanda Euangelistæ: fit vt Iudæorum hora prima à sole occaso nostræ sexta serotinæ respondeat. Gallia enim tota, horologia sua quæ vni usmodi habet, ita dispensat, vt diei horas vigintiquatuor in duas æquales partes partiatur hoc est in duodecim. quot scilicet horas horologia Gallis sonitu significant & media nocte & meridie, post quæ tempora hora prima auditur: prima dico à meridie & prima à media nocte & sic pergitur à secūda ad tertiā dū ad duodecimā veniatur. Secundū quā supputādi ratione A Equinoctio Sol nobis Gallis oritur hora sexta & sexta etiam occidit. Prima ergo Iudæorum hora à sole occaso nostræ septima serotinæ respondet. vt hoc modo horæ Iudæorum cum nostris componi possint.

HO-

HORARVM NOCTIS ET DIEI
ratio quibus & captus est & passus Christus D.N.

Horæ XII. à Sole occaso ad exortum.	Gallico more.	Iudæorũ supputationẹ.
Prima vigilia	7 Sol oc-	1
Πρώτη φυλακὴ	8 casus.	2
Prima fax.	9	3
Hac 1. vigilia		

Cùm serum diei esset Iesus recubuit cum duodecim, edit: prædicit forẹ vt prodatur: Cœnam instituit: Hymnũ cecinit: tum exiit in montem Olearum, Matth. 26, 20.

Secũda vigilia	10		4
Δευτέρα φυλακὴ.	11		5
	12	Media	6
Nox concubia.		Nox.	
Hac 2. vigilia			

Precatus est primò, secundò, tertiò prehensus, ac demum adductus ad Caipham pontificem.

Tertia vigilia	1	7
Τετάρτη φυλακὴ	2	8
Nox intẽpesta	3	9

Hac 3. vigilia

ANNI ÆGYPTII

Hac 3.vigilia

 Coram Caypha accusatus est,colaphis impetitus,sputis conspurcatus, bacillis cæsus, illusus & inde ductus in Prætorium.Erat autem mane,id est,instabat Aurora.nam AEquinoctio, quo scilicet tepore hæc gesta sunt, Aurora sub nostram quartam sese prodit.

Quarta vigilia	4	Auro-	10
Τετάρτη φυλα.	5	ra.	11
Conticinium.	6		12
Matth.14.25.			

Hac 4 vigilia

 Statim ipso diluculo consilio initio summi sacerdotes vinctum Iesum tradiderunt Pilato.Mar.15.1.Stetit coram Præside,accusatur à senioribus & principibus sacerdotu: excusat se Pilatus.monetur ab vxore ne quid illi rei sit cùm iusto illo . tum verò flagellatu Iesum illis tradidit vt crucifigeretur.

HORÆ DIEI XII. AB EXORTO
Sole.

	Secundum Gallos.	Secundũ Iudæos.
Prima hora	7	1
	8	2
	9	3

 Traditus à Pilato Præside militibus & abduct⁹ in Prætoriũ exuitur, induitur chlamidem

midẽ coccineã, ſpinea corona coronatur, illudi
tur, inſpuitur, rurſũ exuitur chlamide, indui
tur veſtimẽtis ſuis, abducitur vt crucifigatur.

Tertia	10	4
Hora	11	5
	12	6

Deducitur in caluariæ locum. Erat autem
hora tertia quando crucifixerunt eum Mar.
15.25. Erat autem paraſceue Paſcha hora verò quaſi ſexta: tum dicit Iudæis, Ecce rex ve
ſter. Ioan.19.14. Id quod iam ad ſpatium
ſequens referri poſsit.

Sexta	1	7
Hora	2	8
	3	9

A ſexta hora tenebræ factæ ſunt ſuper v-
niuerſam regionem vſq; ad horam nonam.

Nona	4	10
Hora	5	11
	5	12

Circiter nonam exclamauit. & cùm rur-
ſum clamauiſſet emiſit ſpiritum.

In horas XII. noctis annotationes.

VETERES ex arte militari noctis horas in
quatuor quadrantes partiebantur. ac vnicuique quadranti tres horas aſſignabant.

& primũ quidem quadrantẽ, primã vigiliã: secũdum, secundã: tertium, tertiam. & demũ quartum quadrantem quartam vigiliã vocabant: nimirum quòd oporteret eos qui hostiũ metu excubabãt & vigilias agebãt tres horas totas vigilare & excubare. Et finita quidẽ prima vigilia seu peruigilatis trib⁰ horis, alij excubitores rursus in secundã vigiliã seu in tres alias horas succedebant: & secunda finita vigilia alij similiter in tertiam & à tertia alii in quartã dum illucesceret. Mentio harum vigiliarũ fit apud Matth. cap. 24. 44. Si paterfamilias sciret qua vigilia fur venturus sit &c. græce ποίᾳ φυλακῇ. Et apud Luc. c. 12. 38. Et si venerit secũda vigilia & si tertia vigilia venerit, &c. ἐὰν ἔλθῃ ἐν τῇ δευτέρᾳ φυλακῇ ἢ ἐν τῇ τρίτῃ φυλακῇ ἔλθῃ, &c. & Cæsar lib. 1. de bello Gallico earũ meminit, vt nemo debeat existimare nos hic quicquã somniare aut comminisci. Cæterum prima & secunda vigilia huius noctis paulo ante descripta qua scilicet passus est Christus, hoc est sex primæ horæ noctis ab occaso scilicet sole ad mediam noctem vsque, reuera ad diem Iouis Gallica supputatione pertinent. sed eas doctrina clarioris gratia diei veneris attribuimus vt totæ ha horæ XXIIII. duodecim dico noctis & diei totidem (erat enim tunc

Æqui

AEquinoctium) diem vnum naturalem, vt verbi gratia, diem Veneris sic tibi integrent & efficiant à vespera ad vesperam. Scitu verò & hoc dignum erit, vigilias singulas suam tesseram habuisse. tesseram autê lingua Gallica dicimus Le mot du guet, quasi verbum vigiliarum aut vigilum dicas, quòd tessera vnico ferè vocabulo aut duobus ad summum constet. Hoc Polybius σύνθημα νυκτερινὸν vocat. Hoc signo vigiles seu excubitores sese mutuò agnoscunt, & ab hostibus sese interstingunt, eóque ea pronunciata tessera qui accedunt tuti sunt: cùm si quis aduentet eius ignarus, interfici quisquis sit possit innoxie.

In XII. horas diei annotationes.

IVDÆI vt horas noctis in partes quatuor, ità & diei similiter in quaterna spatia (quorum singula tres horas caperent) diuidebant. Et primum quidem spatium, seu tres primæ horæ, prima hora vocabantur de nomine primæ horæ: reliqua tria spatia de nomine horæ vltimæ & præcedentis spatij denominationem accipiunt. vt, verbi gratia, quia hora tertia Iudæorū finit primum quadrantem, secundus quadrans denominationê ab ea accipit & tertia hora dicitur. Ter-

I. Hora.

In

D.

VI tius quadrās hora sexta *dicitur de nomine hora sexta terminantis & claudentis secundum quadrantem. Quartus quadrans* hora
IX nona *dicitur de nomine hora nonæ in quam tertius quadrans desinit. Et de horarum nomenclatura & ratione mentionē habes in historia Passionis apud Euāgelistas: vt ad horas singulas vides annotatum. & apud Matt. etiam cap. 20. de Patrefamilias qui exiuit ad conducendos operarios in vineam suam horis tertia, sexta & nona. quanquam & id de singulis horis, non de quaternariis dictum esse quis etiam & fortasse verius arbitrari possit.*

MENSIS MARTII DESCRIPTIO.

1	*Calendæ Martÿ*			
2	*sexto Nonas*	*Nouilunii dies*		
3	*quinto Nonas*	*anni eius quo Christus passus est.*		
4	*quarto Nonas*			
5	*tertio Nonas*			
6	*pridie Nonas*	1	*sexta Sab.*	*Sabba.*
7	*Nonæ*	2	*Sabbathū*	*Dnīca*
8	*octauo Idus*	3	*prima Sab.*	*Lunæ*
9	*septimo Idus*	4	*secūda Sab.*	*Martis*
10	*sexto Idus*	5	*tertia*	*Mercurÿ*
11	*quinto Idus*	6	*quarta*	*Iouis*
12	*quarto Idus*	7	*quinta*	*Veneris*
13	*tertio Idus*	8	*sexta*	*Sabbathi*
		14	*pridie*	

RATIO.   51

14	pridie Idus	9	Sabbathū Dnīca
15	Idus	10	prima Sabbathi
16	XVII.Cal.Apr.	11	secunda
17	XVI.	12	tertia
18	XV.	13	quarta

19	XIIII. crucifix⁹	14	quinta
20	XIII. Parasceue	15	sexta
21	XII. Pascha	16	Sabbathum

Totū hit tribus diebus mysterium Paschatis expletum est.

22	XI.	17	
23	X.	18	
24	IX.	19	
25	VIII.	20	
26	VII.	21	
27	VI.	22	
28	V.	23	
29	IIII.	24	
30	III.	25	
31	prid.Cal.April.	26	

Scribit Epiphanius, tomi 1.lib.2, contra haresim 51, Iesum Christum Dominum nostrum passum fuisse ante decimum:tertiū Cal. April. hoc verò est nocte deciminoni diei Martij supputando more Gallico, captum, & die subsequente mediam noctem (decimus nonus is erat Martij) crucifixum. Sed quò faciliùs tota historia intelligatur, sciendum est dierum nostrorum supputationē cū Hebraorū suppu-

D. .ii

tatione minimè conuenire posse, nisi horas sex tantummodo & eas quidem primas noctis, diei sequenti attribuerimus: hoc est nisi diei initium à vespera, sicut Hebræi faciunt, fecerimus. Nos enim Galli Romanos imitati diem à media nocte incipimus: Iudæi à vespera, vt dictum iam est. Quò igitur res tota faciliùs intelligatur scire licet Dominum Iesum die Iouis hora, nostro supputandi more, sexta à meridie occaso sole Hierosolymis cum duodecim recubuisse, & inde nocte profunda in montem olearum exiuisse: tum circa mediam noctem, die scilicet Veneris nobis incipiente, captum fuisse. Sed dico, doctrinæ gratia, sex horas illas primas noctis, quæ nostro more ad diem Iouis pertinent, diei Veneris attribui oportere, & in hoc nobis, vt ità dicam, iudaizandum esse quò faciliùs res tota possit intelligi. Sint ergo hi tres dies toti historiæ Passionis dicati: dies dico Veneris, Sabbathi, & Dominica, seu si vis feria quinta, sexta, & Sabbathum simpliciter dictum. Incipiant verò singuli à vespera in vesperam, seu ab occidente sole ad alterum occidentem: atque ità dies Veneris de die Iouis sex horas primas mutuetur, & reliqui similiter. Ita fiet vt rationes ambæ concurrant.

Dies

DIES VENERIS.

Porro verò quid toto die primo seu die Veneris gestum fueris in Passionis historia, habes in ante descripta horarū illius ipsius diei descriptione: qua diximus Christum postquam exclamasset, expirauisse circiter nonam, quod est sole tendente ad occasum & inclinante seu instante fine diei Veneris à quarta ad sextam serotinam, quo tempore cruci fuit affixus, vsque dū serum diei esset, vt scribit Matthæus cap. 27. ver. 57. & Mar. capite 15. ver. 42. quo tempore Ioseph ab Arimathæa adiit Pilatum & petiit corpus Iesu, & inuolutum sindone pura posuit in monumēto. sed hæc fortasse iam ad diem Sabbathi seu ad feriam sextam pertineant.

DIES SABBATHI.

Porro autem toto die Sabbathi, quæ erat parasceue Paschæ, recubuit in sepulchro Christus à vespera scilicet in vesperam diei Dominicæ (quæ Sabbathum erat) id est per spatium horarum 24. & inde etiam in summum diei Dominicæ diluculum: id autem est vsque ad horam quartam matutinam diei Dominicæ, quod tempus crepusculum matutinum dicitur, & quo aurora apparere incipit: vt in totum Christus ab ea hora qua reconditus fuit in sepulchro vsque ad eam

D.iii.

horam qua resurrexit, horas circiter triginta tres delituerit, quarum vigintiquatuor ad diem Sabbathi seu feriam sextam aut etiam sextam Sabbathi pertinent. nouem verò ad diem Dominicam seu ad Sabbathum simpliciter dictum, à vespera scilicet eius diei ad quartam matutinam. *Quod autem scribit Lucas, Mulieres primo die hebdomadis profundo diluculo venisse ad monumétum, & cæt. & Ioan. cùm adhuc tenebræ essent, Marcus valde manè domo exiisse & orto iam Sole, quod est cùm iam illucesceret & clarum mane esset, ad monumentum peruenisse, id est quod Matthæus dicit cùm scribit* ὀψὲ δὲ σαββάτων τῇ ἐπιφωσκούσῃ εἰς μίαν σαββάτων, *& cæt. id est, Extremo autem Sabbatho cùm lucesceret in primum diem hebdomadis, & cæt. id quomodo intelligi debeat paulo pòst dicetur. Cæterum de Sabbathis hæc habet Epiphanius lib. 1. tom. 2. Varia Sabbatha decreuit Lex, aliud quidé quod secundú septenariorum dictú numerú reuoluitur, natura Sabbathú: aliud verò propter subiacentes nouilunio secundum Lunam & consequentes festiuitates, velut dies fixorum tentoriorum & dies Paschatis, & cæt. Et ibidem côtra hæresim 51. inquit, Dixit Lucas, Factú est in secundo primo Sabbatho. vt ostenderet Sabba-*

cap. 24. 1.

" "

Mat. 28

Contra Heliouositos sect. XXX.

Cornarius ita interpretatus est, sed græcauidere non potui.

RATIO.   55

Sabbathū primum esse, quod ab initio decretum est ac dictum à Domino in mundi creatione: quod per circuitum ab eo tempore vsque huc iuxta septem dies reuoluitur, hoc scilicet primum esse: Secundum verò Sabbathum, quod decretū est à Lege. dicit enim Lex, Accipies tibi ouiculam anniculam, immaculatam, masculam (quæ erat imago Saluatoris) à decima die mensis & cæt. videtis, inquit, quod secundum Sabbathum appellatur Postsabbathum.   Hæc ille.

HORÆ diei Veneris incipiendo à vesperā diei Iouis, & de ipso mutuando horas sex primas noctis.

1 Sol oc-	7	Hierosolymis recubuit cum duo-
2 cidens	8	decim; cœnam instituit, hymnū
3	9	cecinit, tū exiit in monte olearū.
4	10	Precatur in monte olearum primo, secudò, tertiò: capitur, adducitur ad Caipham pontificem.
5	11	
6 nox M.	12	
7	1	Coram Caipha accusatur, despuitur, cæditur, illuditur: tum ducitur in Prætorium.
8	2	
9 .	3	
10	4	Traditur Pilato, accusatur corā eo, tùm demùm traditur vt crucifigatur.
11	5	
12 Sol o- riens	6	

D.iiii.

ANNI ÆGYPTII 56

1   7 Condēnatus traditur militibꝰ,
2   8 abducitur rursum in Prætoriũ,
3   9 coronatur, tum demùm abdu-
        citur vt crucifigatur.
4   10
5   11 Deducitur in Caluariæ locum.
6 Merid. 12 Ibi crucifigitur.

7   1
8   2 Tenebræ.
9   3

10   4 Exclamauit & emisit spiritum.
11 Sol oc- 5
12 cidens. 6

HORÆ XII. diei Sabbathi seu feria sextæ
     à vespera in vesperam, mutuatis sex
     horis primis noctis de die præcedente.

1 Solis oc- 7 Mar.15.42. Cùm autem serum
2 casus   8 diei iam esset, quoniã erat Pa-
3   9 rasceue id est antesabbathũ ve-
4   10 niēs Ioseph ortus ab Arimathæ
5   11 &c.at.petiit corpus Iesu & emit
6 Media 12 sindonem & detractũ eum in-
7 nox   1 uoluit sindone deposuitq, in mo
8   2 numento,&c. Idē Mat. hz 27.
9   3 57.& Lucas 23.54, porro dies
10   4 erat Parasceues. Cæterùm totis
                                    ferè

11		5 ferè his horis xxIIII, iacuit in
12	Sol o-	6 sepulchro Christus & item vsq;
1	riens.	7 ad nonam diei sequentis, quæ
2		8 tertiæ nostræ matutinæ respon-
3		9 det. vt circiter hora xxxIII.
4		10 intercesserint inter horam qua
5		11 depositus fuit de cruce & posi-
6		12 tus in monumento vsque ad
7		1 horam quaresurrexit. hoc autē
8		2 est à prima hora noctis diei Sab
9		3 bathi, seu feriæ sextæ vsque
10		4 ad horam nonam dieiSabbathi
11		5 simpliciter dicti (erat autē dies
12	Sol oc-	6 ille festus & magnus valde)seu
	cidens.	diei Dominicæ nostræ. Cæterum

Parasceue græca dictio est quæ apparatū seu præparationē significat, quòd eo die secūdum Legem ea parabantur quæ ad esum agni pertinebāt, porrò verò diei Sabbathi moliri quicquam non licebat: quapropter mulieres quæ secuta à Galilæa Christū fuerāt ad crucē vsq;, coacta sunt propositū vngēdi Dominū differre in eū diē q Sabbathū primus sequebatur. Est aūt Sabbathū Hebræa dictio qua quietis dies significatur. Is septimus quisque erat, vt Deuter.5.14, ideo Iudæis præscriptus vt hūc Domino ita sanctificarēt, vt ab operibus prophanis quiescētes sanctificādis mētibus vacarent. hoc autem Sabbathum cuius hic fit mētio, ideo magnum dicitur quòd Paschæ fe stum in ipsum incurrisset.

SABBATHVM SEV DOMINICA.

1 Sol Occi- 7   Matth. 27. ver. 62.
2 dens.   8   Postero autem die quæ sequi
3 ———— 9   tur Parasceuē coacti sunt principes Sacerdotum & Pharisæi ad Pilatum,
&c. & profecti munierunt sepulchrum ob-
signato lapide cum custodia.
4   10
5   11
6 Media 12
    nox.
7   1
8   2
9 ———— 3 Resurrexit.
10   4   Lucæ 23. in extremo
11   5   fine,
12 Sol o- 6   Ac Sabbatho quidem quie-
   riens.   nerunt secundum mandatum,
&c. vt appareat toto hoc die mulieres quie-
uisse in sequentem diem. vt horis ferè 24.
resurrexerit Christus antequàm mulieres
venirent ad sepulchrum.

RATIO.

1	7
2	8
3	9
4	10
5	11
6 Meri. dies.	12
7	1
8	2
9	3
10	4
11	5
12 Sol oc- cidens.	6

HORÆ PRIMI DIEI HEBDOMA-
dis seu primæ feriæ aut primæ Sabbathi qui
nobis dies Lunæ est.

1 Sol occa-	7	4	10
2 sus.	8	5	11
3	9	6 Media nox.	12

		7	1
		8	2
		9 Dilucu- lum.	3

Primo autem die hebdomadis profundo diluculo mulieres venerũt ad monumentum ferentes quæ paraverant aromata, &c.

De anno Persi-
co.

ANNI apud Persas eadem ratio est, quæ & apud AEgyptios. Mensium verò Persarum nomina, quibus solis ab AEgyptiis differunt, hæc sunt:

1 Fordimech.
2 Ardeimech.
3 Cardaimech.
4 Zirmech.
5 Mardan. vel Mardari.
6 Sarembemech.
7 Machiramech.
8 Ebenmech.
9 Ydramech.
10 Dimech.
11 Bechmemech.
12 Azfirdauich.

De anno Ara-
BICO.

ARABES

DE ANNO ARABICO. 61

ARABES in anni sui ordinatione partim Ægyptiā partim Atticam sequuntur rationem. vt illorum annus ex Ægyptio & Attico conflatus esse videatur. Et primùm quidem hoc cum Ægyptiis commune habent, quòd vagum apud eos quoque est nec statum mensis sui primi & anni initium: sed paulatim anticipans Ægyptio more redit in antecedentia. Ideóque ne apud eos quidem, sicuti neque apud Ægyptios Solstitia & Æquinoctia stabilia esse possunt, vt docet etiam Galenus Commentario primo in primum Epidemion. Cum Atticis itidem hoc commune habent, quòd Lunationibus duodecim annum suum explent. quarum duæ diebus quinquaginta nouem absoluuntur: imparibus quidē mensibus dies triginta: paribus viginti nouem attribuētes, & annum ex diebus 354. integrātes. Mensis initium illis est Νουμηνία aut Luminarium media coniunctib. Intercalant autem tertio quoque anno mensem vnum dierum triginta trium, pro diebus vndecim quibus annus Solaris excedit Lunarem. Arabicum ergo diarium si voles conficere, anno 1560. primum diem mensis Almuharam repones in Iulii XXIX vt in anno Ægyptio antè factum vides. tum tertio quoque anno intercalabis mensem vnum dierum 33. imparibus mēsibus dies 30. paribus deis 29. attribuendo. Sic tibi Arabici anni ratio constabit.

ARABVM MENSIVM NOMINA.

1 Almuharam.   7 Rage.
2 Saphar.   8 Sahaben.
3 Rabe.1.   9 Ramaden.
4 Rabe.2.   10 Sauel.
5 Gemedy.1.   11 Dulchida.
6 Gemedy.2.   12 Dulcheia.

GVIDO Bonatus de Latis Foroliuiensis cap. IX. partis v. suæ Astronomiæ, titulo De duodecima domo, columna 820, sic habet: Secta Fratrum minorum, inquit, incepit anno Arabum 609 mense Arabum Rabe secundo, tempore Martini 4. pontificis: cuius secta ascendens tale est quod ipsa eradicabit omnes alias sectas sub ecclesia Rom. degentes. sed eius finem, inquit, dicere non audeo, timore ne incidam in rumorem vulgi: erit tamen finis & rumor eius publicus valde cùm aduenerit. Meminit & idē cuiusdā cōiunctionis quæ facta fuit in mense secundo Arabum Saphar. Crebra etiā mensium Arabum fit mentio apud Ptole. in Almagesto, & apud Astrologos item varios.

Anni

Anni Hebræi
RATIO.

Hebræi secundũ Lunæ cursum annos suos dirigũt, ita tamẽ vt Solaris etiã cursus habeant rationem. Nam quanquam singuli illorum menses alternatim, pares quidem vi ginti nouem, impares dies triginta capiant: inter Adar tamen & Nisan (ille vltimus, hic primus apud illos mensis est) tertio quoque anno intercalant mensem vnum dierum tri ginta trium, nõn alia ratione quàm vt illorũ annus ad cursum Solis etiam congruat. Sic illorum annus ex Solari & Lunari mixtus & cõflatus esse videtur. Gal. scribit cõment. primo in primum Epide. apud eos qui menses in duas inæquales partes secant, ac alterũ mensem dierum XXX. alterũ XXIX. efficiũt, dies definiri non posse in quibus tũ Æquinoctia tum Solstitia ac Syderum illustrium exortus fiant. Apud eos qui pro Solis ratione numerant, definiri posse, vt Romanos, Macedonas & Asianos. Hæc ille.

Mensium Hebræorum nomen & ordo.
1 Nisan q&Abib. 7 Thysri q & Ætanim.

ANNI HEBRÆI

2 Ziu qui & Iiar
   & AEgiar.
3 Siuan qui &
   Thamuz.
4 Rhotem.
5 Ab. vel Au.
6 Elul.
8 Bul qui & Mar-
   hefuan.
9 Chafleu vel Chi-
   fleu.
10 Thebeth.
11 Sebat.
12 Adar. vel A-
   der.

Hic Ordo mensium in Bibliis seruatus comperitur. Recentiores tamen Iudæi Thysri primum, Bul secundum faciunt, suo deinceps reliquis assignato ordine: vt contrà Nisan se ptimus sit, Ziu octauus & deinceps.

De Nisan primo Hebræorum mense.

ניסן

NISAN esse primum anni Hebraici mensem multorum auctoritatibus comprobare facile est. Nam Hester cap. 3. sic scriptum habetur, Mese primo cuius vocabulum est Nisan, anno duodecimo regni Assueri, &c. & paulò post eum locum, Vocatique sunt scribæ Regis mense primo Nisan tertiadecima eiusdem mensis. Ibidem cap. 11. suppresso ordinis nomine eiusdem mensis sit mētio his verbis, Anno secundo regnante Artaxerxe

maxi-

maximo, prima die mensis Nisan vidit somnium Mardochæus, &c. Esdræ etiam 2.cap. 2. eius fit mentio, Factū est autem, inquit, in mense Nisan, anno XX, Artaxerxis regis, &c. D. Hieronymus in Danielem. cap. 9. In primo, inquit, mense & prima die mensis (haud dubium quin Nisan significet) sumes vitulum, &c. Eundem etiam & primum esse anni Hebraici mensem & Macedonibus Xantichum dici intelligere licet ex his quæ Iosephus Hierosolymitanus sacerdos in lib. Antiq. Iudaic. scribit, lib. 1. cap. 3. secundū Græcam diuisionem, secundum antiquā Latinam capite 5: Moyses, inquit, mensem Nisan qui est Xantichus, primum in suis festis ordinauit, quòd per hūc Hebræos ex AEgypto eduxisset. Eundem etiam omniū quæ ad rem diuinam pertinebāt exordium fecit. Et lib. 2. cap. 6. secundum nouam, secundum veterem tralationem cap. 13. de Hebræis loquens. Reliquerunt aūt, inquit, AEgyptum mense Xanticho Luna decimaquinta. Item lib. 3. cap. 9, Initio, inquit, sequētis anni mense Xanticho Macedonum, Hebræorum Nisan tabernaculum nouilunio dedicatum est. Et eiusdem lib.cap. 10. secundum Græcam, secundum Latinam & veterem cap. 12, Mense Xanticho qui nostris Nisan dicitur & annū

E.

exorditur Luna decimaquarta, Sole Arietē
obtinēte(quandoquidem hoc mense ab Ægyptiaca seruitute liberati sumus) sacrificiũ
quod tunc exeuntes fecisse dicimus Pascha
nominatum, quotānis instaurare Lege iubemur. Item lib. 11. cap. 4, Instāte, inquit, dein
de Azymorum festo, mense primo qui Macedonibus Xantichus, nobis vero Nisan dicitur, confluxit totus populus ex oppidis in vrbem, &c.

Ziu.

אִיָּר vel יִ׳ vel יִיר

2   Ziu nonnullis etiam Iiar & Ægiar dictus, Macedonibus Artemisius, secundus est
Hebræorum mensis. Id constare potest ex tertij Regum seu primo Samuelis cap. 6, quo loco
legimus Solomonem anno regni sui 4. anno
vero CCCCLXXX. egressionis filiorum Israel de terra Ægypti, mense Zio qui secundus est, domum Domino ædificare cœpisse,
quod & notat Ioseph. Antiq. lib. 8. cap. 2. secundum nouam, secundum antiquam trala.
tertio his verbis, Exorsus est Solomon fabricam hanc anno regni sui quarto secũdo mense, quē Macedones Artemisium, Iiar vero Hebræi: annis DXC duobus, postquàm Israelitæ
ex Ægypto excesserant, &c. quo tamen loco, vt id obiter adnotem, error esse in temporis

RATIO. 67

ris ratione & numeris deprehenditur. vt liquet ex præcitato loco tertij Regum capite 6. Nam apud Iosephum male legitur annis D X C I I. quod his notis apud eum expreßū est D X C duobus, cùm Annis quadringentis octoginta legendum sit.

Siuan.

סיון.

3   Siuan: Et hunc tertium esse ordine mensem testimonio esse potest auctor historiæ Hester, qui cap. 8. hæc habet, Erat autem tempus tertij mēsis qui appellatur Siuan, &c. Et cap. 1. Baruch fit mētio decimi diei mēsis Siuan.

4   Thamuz seu Rothem. חמז.

{ Horum duorum mēsium nusquam adhuc mētionem fieri comperi nominatim, nisi quod ordinis eorundem mentio fit 1. Paralipomenōn, capite decimoseptimo. Esdræ 1.

5   Ab. אב.

capite septimo & octauo & passim. }

6   Elul: Huius mentio fit, suppresso tamen ordinis nomine, Machab. 1. ca. 14. his verbis, Octaua decima die mensis Elul, anno centesimo septuagesimo secundo, &c. Esd. 2. cap. 6. Completus est autem murus, X X V. die mēsis Elul, diebus L, &c.

E. ii.

אֵיתָנִים vel תִּשְׁרִי

7 AEtanim qui & Thysri ordine septimum esse constat ex 3. Regum cap. 8. vbi sic legitur, Conuenítque ad Regem Solomonem vniuersus Israel mense AEtanim in solenni die, ipse est mensis septimus, &c. Iosephus antiquitatum Iudai. lib. 8. cap. 3. & secundum veterem trala. cap. 4, Salomon rex, inquit, per literas iußit magistratus ac seniores Hebræorum totum populum Hierosolyma congregare ad spectandum templum & transferendum illuc arcam Deo sacratam: denunciatáque omnibus profectione septimo demum mense conuenerunt, qui nostratibus est Thysri, Macedonibus Hyperberetæus: inciditque in id tempus Scenopegia festum apud Hebræos sanctiß. & maximum. vbi in excusis Iosephi codicibus male scriptum est Thuri pro Thysri.

פַּרְחִים vel בּוּל

8 Bul qui & Marhesuan. Quem locum occupet mensis Bul in anni Hebraici ratione discas ex extremo fine cap. 6. lib. 3. Regum vbi sic scriptum legitur, Anno quarto fundata est domus Domini in mense Zio: & in anno vndecimo, mense Bul, ipse est mensis

sis octauus, perfecta est domus Domini in o-
mni opere suo. legendum porro est eo loco Bul
nō vt in quibusdā exemplaribus Elul, quem
sextum in ordine mensium locum tenere
suo loco ostendi. Cæterum Bul Marhesuan e-
tiam dici notat Ioan. Bapt. Pius adnotationum posteriorum cap. 65. & Macedonibus
Dius dicitur. vnde falsum licet coniicere
eum esse locum qui est apud Iosephum Antiquit. Iuda. lib. 1. cap. 3. & secundum veterem. v. is sic habet, Contigit autem hæc vasti
tas (de diluuio loquitur) anno ætatis Noe
sexcentesimo, mense secundo qui à Macedonibus Dius vocatur, ab Hebræis Marsanone:
sic enim AEgyptij distinxerunt annum. sed
credam pro Marsanone Marhesuan legendum apud Iosephum.

כִּסְלֵו.

9 Chisleu alijs Zislef nominatur alijs Cha
sleu: sed minùs aptè. huic nonus in ordine mē
siū Hebraicorū tribuitur locus. Zach. 7, Initio
factum est verbū Domini ad Zachariam in
quarta mensis noni qui est Chisleu. sic enim
potius legendum quàm Chasleu. Machab. 1.
cap. 1, Die x v mēsis Chisleu, quinto & quadragesimo die ædificauit rex Antiochus

E. iij.

abominandum Idolum, &c. Ibidem post cap.
4, Constituit Iudas & fratres eius totáque Israelis concio, Vt dies renouationis altaris suis
téporibus agitaretur singulis annis, octo dies
scilicet à xxv. die mensis Chisleu, magno cũ
gaudio & lætitia. Ibidem lib. 2.cap.1, Et nũc
frequentate Scenopegia mensis Chisleu. &
paulo post eum locũ, Facturi igitur quinta &
vicesima die mensis Chisleu purificationem
templi, &c. & Machab.2.cap.10.in eandem
sententiam. Esdræ quinetiam 2.cap.1 initio,
hæc habentur, Et factum est in mense Chisleu
anno vicesimo, &c. Et Iosephus passim hunc
mensem Chisleu nominat Antiq.Iud.lib.12.
cap.7. de profanatione tẽpli Hierosolymitani & clade in eo facta loquens: Ea clades, inquit, accidit anno secundo post vrbem captã,
regni eius familiæ centesimo quadragesimo
quinto, vicesimaquinta eius mẽsis qui Chisleu nostris, Macedonibus Apellæus dicitur.
Eodem lib.cap.10. & secundum vete.11,Vicesima autem quinta mensis Chislei, quem
Apellæum Macedones appellant, accenderũt
luminaria in cãdelabris : &c. Et pòst de profanatione templi ab Antiocho facta loquens,
Ea, inquit, incidit in annum CXLV. &
diem Appellæi mẽsis xxv. & Olympiadem
CLIII. Huius mẽsis etiã mẽtio fit Nehe.1.

10 The-

שֶׁבֶט

10 Thebeth: Mensis huius & ordinis eius dē meminit auctor hist. Hester cap. 2, Ducta est itaque (de Hester autem loquitur) ad cubiculum regis Aßueri mense decimo qui vocatur Thebeth, &c. Hunc mensem Macedonibus Apellæum dici scribit Iosephus Antiq. lib. 11. cap. 5. quem & nonum esse dicit. sed mendosum locum esse putem. vt & eum qui eiusdem lib. cap. 4. præceßit, quo loco mensi Adar vndecimum in ordine mensium locū attribuit. Nam Chisleu antea Apellæū Macedonibus dici & ordine nonum esse, vt & Thebeth hoc loco decimum esse ostendimus: & postea Adar duodecimum esse probabimus. Locus Iosephi sic habet, Intra triduū conuenerunt vtriusque tribus homines, vicesima die noni mensis quē Hebræi Thebethum, Macedones Apellæum nomināt. cui loco medicinam facies, si pro dictione Thebethum, Chisleu reposueris.

שְׁבָט

11 Sebat: Quotus hic apud Hebræos mēsis sit, disces ex cap. 16. & vltimo 1. Machab. quo loco sic scriptum habetur, Simon autem perambulās ciuitates quæ erāt in regione Iudææ, & solicitudinē gerens earū descēdit in Hierichoipse & Matathias filius eius & Iudas anno 177. mēse 11, hic est mēsis Sebat, &c.

E iiii.

אֲדָר.

12 Adar vel Ader, Macedonibus Dystrus. Non me deficient testimonia quibus comprobare possim Adar duodecimum & vltimum esse anni Hebraici mensem. Vix enim alterius mensis crebriorem mētionem in sacris Bibliis reperias, vt & apud Iosephū quoque. Primùm enim cap. 6. primi Esdræ sic habetur, Et impleuerunt (seniores Iudæorū) domum Dei istam vsque ad diem tertium mensis Adar, &c. & Esdræ 3. cap. 7, Et consummata est domus nostra vsque ad tertiam & vicesimam diem mensis Adar. & Hester cap. 3, Missa est sors in vrnā qua die & mense gens Iudæorum deberet interfici: & exiuit mensis duodecimus qui vocatur Adar. & pòst ibidē, Et literæ signatæ sunt ipsius (Assueri) annulo, missæ sunt per cursores regis ad vniuersas prouincias vt occiderēt atque delerent omnes Iudæos à puero vsque ad senem, paruulos & mulieres vno die, hoc est tertio decimo die mensis XII. qui vocatur Adar. Et cap. 8. ibidem, Et cōstituta est per omnes prouincias vna vltionis dies, id est decimatertia die mēsis XII. Adar. Rursus ibidem initio capitis 9, Igitur duodecimi mēsis quem antè iam Adar vocari diximus, &c.

&

& toto eo cap.& sequentibus 10.13. & 16,fit eius mentio,sicut & Machabæorum 1.cap.7, *Et commiserunt exercitus prælium tertia decima die mensis Adar.* Machab. 2.cap.15, *Habere autem celebritatem tertiadecima die mensis Adar,quæ vocatur voce Syriaca Pridie Mardochæi die.* Iosephus quinetiam in extremo fine lib.4. Antiquit.de eo ipso Adar hæc habet, *Mortuúsque est(Moyses) vltimo anni mense,die prima mensis qui à Macedonibus Dystrus dicitur, à nostris verò Adar, vir omnium quotquot vnquam fuere prudentiss.* Idem lib.11.cap.4, *Anno,inquit,regni Darÿ nono,23.die mensis duodecimi* (sic enim legendum est non vndecimi) *qui nostris dicitur Adar,Macedonib° Dystrus,&c.* Et sequenti cap.5. de Cyro quem græci Artaxerxem nominant loquens, *Perducta verò Hestere eius consuetudine delectatus & amore correptus legitimam vxorem eam sibi adiunxit,nuptiásque celebrauit anno regni sui septimo, mense duodecimo qui Adar dicitur.* In summa,apud eundem Iosephum eius mensis Adar mentionem reperias lib.11. cap.6,in epistola Artaxerxis qd Magistrat:us fideles,per totum caput. Ex his omnibus liquere arbitror, Adar non solùm mensem esse duodecimum & vltimum anni Hebræi,

& Macedonibus Dystrum dici, sed & singulis aliis Hebraïcis mensibus ante descriptis suum attributum esse & nomen & ordinē.

ASSIGNATO ordine & descriptis mensium Hebraeorum nominibus, superest vt Ephemeridem Hebraeam constructuri, doceamus vnde Hebrai annum suum inchoënt. Sanè ipsos à Vere anni sui exórdium facere (quod & olim Romulum illorum exemplo fecisse constat) testis esse potest is locus qui habetur Deut. cap. 16. quo loco Moses Domini iussu edicit Israëlitis, obseruent mensem nouarum frugum & Verni temporis primum, vt faciant Pesah Domino Deo suo. Testis est & is locus qui iisdem verbis & sententia habetur apud D D. Hieronymū de celebratione Pascha & Augustinum tomo 2. epist. 80. ad Hesychium, quib⁹ locis scribūt illi celebrationem Paschae in mense nouarum frugum reperiri propter simil: tudinem sacramenti renouandae vitae. Primum autem Verni temporis eum mensem esse docet August. quo Sol est in Arietis principio. Vnde fallitur Ambros. qui primum mensem nouarum frugum esse dicit eum quo apud AEgyptios noui fructus colligūtur. Nā apud illos nō semper in primo mēse demetitur seges, sed vt occurrit aliis atq̃, aliis mensibus. Nicephorus etiā Callistus hist. Eccl. lib.

Ambrosii locus.

lib.12.cap.32, scribit hâc rationem impulisse Montanistas vt mensem quemlibet dierum triginta, atque eorum principium AEquinoctium vernum faceret (Quæ dies, inquit, secundum Rom. ritè nono Cal. Aprilis dicitur) quòd eo tempore duo hæc Luminaria initium suum habuisse allegant per quæ tempora anni significantur. Idem ferè Sozomenus habet hist. Eccl.lib.7.cap.18. Sed Nicephorus ibidē etiam scribit Eusebium memoriæ tradidisse veteres Iudæos sacrificia Paschalia post AEquinoctium vernum celebrauisse, Sole duodecimam partē, quæ à Græcis κριὸς .i. Aries appellatur, Zodiaci circuli ingresso. Luna autem per diametrum Soli opposita, tum quartadecimæ diei cursum tenente. His auctoritatibus & illis etiam quæ antè, dum de mense Nisan loqueremur, citatæ sunt, apparet Hebræos & Pascha Luna decimaquarta primi mensis celebrauisse, & primū anni mensem primum Verni temporis fuisse. His positis, & propter magnorum virorum auctoritatē concessis, restare tamen videatur vt Veris initium vestigandum sit: Nā eo inuento perfacile & nullo negotio cius & primam Lunam & decimamquartam erit inuenire. Id autem quàm difficile sit, hinc discere licet, quòd alij aliud Veri initium assignant.

Siquidem Galenus & in fine commentarioru̅ 3. *Aphorismo. 14. & initio commentar. in 1. & 2. Epid.* Hippocratis, Ver ab eo quod hyemem sequitur æquinoctio, exordium sumere scribit. AEquinoctium autem Vernum initio Artemisii assignant. Aëtius *serm.3. tetrabibli*1.*cap.*164, Mensis Martij (ut interpres habet) die 23. æquinoctium Vernum esse dicit. Varro *lib.rei rust.cap.*20, diem Aquarij 23. seu si vis Februarij septimum (nam Co

lib.11.cap 2

lumella 17.Calend.Febru. sol in Aquarium transitum facit) Veris initium esse dicit. Cui adstipulatur & Constantinus Cæsar capit.1.*lib.*1, De agricultura. Astronomi, alij medium Martium, alij decimum diem Mar tij, alij Februarij 22. diem Veris initio assi

lib.9. cap. 14.n.115

gnant. Columella æquinoctium Veris contingere scribit circa 8.Calend. April. quod est circa 25. Martij in octaua parte Arietis. Idem ibidem scribit Hypparchi rationem docere Solstitia & AEquinoctia no̅ octauis sed

lib.18.ca. 25

primis partibus signorum confici. Plinius tra dit aduenas volucres ad 6.Cal. Februa. spem Veris attulisse, & esse quosdam qui certissimum Veris initium arbitrentur, ob infinitum animalis papilionis prouentum. Et ide̅ *lib.*16.*cap.*25, scribit florem arborum esse pleni Veris indicium & anni renascentis. Item

Fauo-

RATIO.

Fauonium flare ab occasu æquinoctiali & Ver inchoare: incipere autem flare circiter ferè sextum Idus Febru. vt verum sit quodidem Plinius dicit, Dierum ipsorum, anni Solísque motus (atq, adeò Æquinoctiorum & Solstitiorum) propè inexplicabilem esse rationem. Id quanquam verum est, connocati tamen annis ante hæc nostra tempora mille ducentis triginta nouem in Nicena synodo Patres qui tunc Ecclesiæ præerant ad trecentos decem & octo, Æquinoctium vernum (de quo totius huius nostri instituti atque adeò de Veris initio, ratio dependet) omni studio certis diei ac loco affigere sategerunt, nõ quòd ibi perpetuò hæsurũ putarent, aut quòd ignorarent voluentibus annis idipsum inde motum iri & retrocedendo anticipaturum: sed quòd, vt sui temporis curam gerebant, ita eos qui sui ipsorum locum quasi per manus acceptũ aliquot pòst annis tenerẽt, & veluti hæreditario iure sibi vendicarẽt: suo exẽplo eius etiã rei, cùm necessitas postularet, curam gesturos arbitrarentur. Sed cui rei dent operam, quo veterno correpti sint ÿ quibus id cura esse debet, cuiuis bono iudicandum relinquo. Sed ad rem redeo: Patres dico in Nicena synodo (qua nulla præstantior post Apostolos aut auditur aut legitur) contra Arium

Initio præ citati cap. 15. lib.18

Nicena synodus. Adhuc numerum ad de 331. habebis annum quo Auctor hæc commentabatur nẽpe 1579.

conuocati AEquinoctio vero(id Sole AE-
quatorem tenente contingit) duodecimum
Cal.Apr.seu Martij vicesimumprimum aßi-
gnauerūt. Quod optima ratione eos fecisse iu-
dicabis, si perpēderis quarto quoq, anno minu
ta 44.plus quàm oporteat in anno Ro.interca
lari, cùm scilicet dies integer seu hora 24.ple
næ anno Bissextili intercalātur.Et quāq 44.
minuta quarto quoq, anno, vt dixi, supera-
bundantia parui momenti esse videantur,
tanti tamen momenti sunt vt singulo quoq,
centesimo tricesimo primo anno AEquinoctium in antecedentia reiiciant vnius diei
interuallo: vt paulò pòst in anni Romani tractatione in anno Iuliano docebimus. Cùm
ergo Nicena synodus animaduertisset tempore incarnationis Christi, vel, vt alij notant, circa Iulij Cæsaris tempora, AEquinoctium vernum in diem Martij 25.incidere,
ab illo verò tempore ad sua vsque annos trecentos vigintiquatuor effluxisse, atque adeò
AEquinoctium vernum per tres ferè dies re
trocessisse in antecedentia, & à 25. Martij in
22.eiusdem retrolapsum: illi & præterito iam
tempori & parti etiam aliquotæ futuri pro-
spicere studentes, verno AEquinoctio diem
Martij vicesimam primam aßignauerunt.
Iam verò cùm à tempore Nicenæ synodi
(hanc

Nicena
synodus.

RATIO. 79

(hanc ad Niceam Bithiniæ anno Constantini Helenes filii decimoquarto, Christi verò anno 331 celebratam & Iulio mēse. inchoatā tradunt) anni ad hæc nostra tempora effluxerint mille ducenti triginta nouem, vt antè diximus (agitur quippe nunc annus M. D. LXX.) fit vt AEquinoctium vernum pari ratione retrocesserit ab illo tempore ferè per duodecim dierum spatium, vt iam in Martii nonum retrocessisse comperiatur. Et certè voluentibus annis etiam magis ac magis anticipabit & retrolabetur in anteriora, ni Pontifices aut Principes, quibus ea res curæ esse debet, emendationem eam adhibeāt, Vt primo anno Bissextili occurrente post elapsos annos centum triginta sex supputationem ineundo ab anno 1560. intercalarium diem omninò pro primo tantùm Bissextili anno tollant, & ne planè intercaletur caueant: eámq́; legem seruēt post elapsos singulos 136. annos, vt AEquinoctia certam & firmam sedem in Martii die X. habeant. Ponant ergo aliquando tandem & excutiant veternum nostri æui Pontifices plus satis desides & instar glirium veternosi: & sui officii memores caueant, ne Reges illorum vecordia excitati, falcem in illorum messem immittant, & vt annum

ita & ea quæ emendatione postulare videbũ-
tur, nõ sine magna illorũ ignominia, aliquãdo tandem emendent. Sed enim reuersi eò
vnde digressi sumus, dicimus XXI. Martij
(quo die constituebat Æquinoctium Nicena synodus) tridui interuallo distare ab eo
quod Plinius, & bidui ab eo quod Montanistæ eidem assignabant. Plinius, siquidem lib.
18.cap.16. 25. Martii: Montanistæ vt paulò
ante ex Nicephoro ostendi, nonum Calend.
April. eidem assignabant. Nos, vt commodiùs & faciliùs quod quærimus (Lunam dico primam Verni temporis, atq; adeò etiã primum & anni & mensis Hebraici diē) quasi
digito indicemus: Æquinoctio verno octauum Idus Martii assignamus: non quòd igno
remus nostri temporis Astrologos scribere se
illud ipsum hac nostra tempestate die Martii
X. deprehendere: sed quòd ob rationes prædi-
ctas in eum ferè diem hac tempestate retrolapsum sit: & quòd nisi eo ibidem fixo colloca-
toque prima Verni temporis Luna atque
adeò primo Hebraici anni diei certus & verus locus assignari non possit. Nullibi ergo
commodiùs vt his temporibus, meo quidem
iudicio, constitui potest. Quo posito dico eam
primam Lunam nouam, quæ prima post octa
uum Idus Martii occurrat anno Hebraico
&

& primo diei mensis Nisan initium adferre. Id verò eo constantiùs, dicere audeo, quòd ij qui antea anni rationem (computistas vocant) tradiderunt, vt vltimum seu remotißimum Pascha septimo Calend. Maij (qui dies x x v. Aprilis est) ita infimum seu primum vndecimo Calend. Aprilis, seu Martij vicesima secunda & ratione quidem optima contingere scripserunt. Optima ratione dico, quòd infima seu prima Lunatio Aprilis, octauo Idus Martii (qui idem octauus eius dies est) contingit: Vltima autem Aprilis Lunatio, Nonis eiusdem, qui & quintus Aprilis est. Vt intelligi detur Pascha celebrari habere diebus illis triginta quinque qui medii sunt inter x i. Calend. Aprilis & septimum Calend. Maij: hoc est, inter vicesimũ secundum Martii & vicesimum quintum Aprilis diẽ. Rursus ab octauo Idus Martii vsque ad Nonas Aprilis vna est Lunatio, seu dies viginti nouem. A quocunque illorũ Luna fuerit noua, computa dies quatuordecim & habebis Pesah Hebræorum, quo habito facile Pascha Christianorum occurret. Id enim continget Dominica die proximè sequente Pesah Hebræorum, nisi ipsa dies Dominica postridiana sit, occurrens dico postridie Lunæ decima quarta, seu eius diei quo Hebræi suũ

F.

Peſah celebrarint. Siquidem qui Chriſtum hactenus more Romano profeſſi ſunt, nequaquam decimaquarta Luna Paſcha celebrarunt, ſed ne decima quidem quinta, vt ea eſt n die Dominico contingat, ne cum Iudæis in eo concurrere eóque Iudaizare, vt aiunt, viderētur. Nam Hebræi à veſpera decimæquartæ Lunæ in veſperam decimæ quintæ ſuum Peſah celebrant: quo fit vt hoc feſtum nobis in diem Dominicam proximè ſequentem Lunam decimamquintam reiiciatur. Sanè Euſebius lib. 5 hiſtoriæ Eccleſiaſticæ, capite 22. & 23. oſtendit quanta fuerit controuerſia inter Epiſcopos & alios Fideles de celebritate Paſcha, tempore Victoris Papæ decimitertii, anno Domini CXCVIII. quibuſdam volentibus Luna decimaquarta Paſcha Domini celebrandum quacūque die Septimanæ Luna XIIII. veniſſet. quādo Iudæis agnus præcipitur immolari. aliis verò volētibus, ne aliquādo niſi in die Dominico quo Dominus ſurrexit à mortuis, Dominicum Paſchæ celebraretur myſterium. & ob eiuſmodi cauſam cōgregata ſunt Cōcilia prouincialia anno XI, Commodi Imperat. vt Romanum, Cæſareanum, Gallicanū, Ponticum, Achaicū, Chartaginenſe quartum & quintum. Et Canon primus Concilij Antiocheni hæc habet, Non licere

licere Pascha diuerso tempore facere, nec cum
Iudæis concelebrare, sicut in Niceno Concilio
statutũ est. Et Victor ille Papa Afer instituit
die Dominica Pascha Domini celebrari, sicut
constituerat Pius Papa. ut habetur, de consec.
dist. 3. c. celebritatem. ut appareat hãc quæstio
nem ingenia Pontif. Ro. diu exercuisse: usq́
adeo verebãtur qui tunc Papabãt, ac potissi̇-
mùm superstitiosus ille Afer & vafer Victor,
ne ea in re Iudaizaret. Quod vtinã in multis aliureb⁹ tã studiosè cauisset tũ is tũ cæteri
Pontifices Rom. ne nõ solùm Iudaismus, sed,
quod magis cauendum erat, Paganismus in
Christianismũ inuaderet. Verũ, proh dolor,
dum de lana caprina disçeptant, ac de celebritate Paschæ quæstiones mouent, interim
idololatriã, quouis Iudaismo multis partibus
perniciosiorem & Deo summè inuisam, è medio Paganismo irrepere in Christianismũ ac
radices agere siuerũt: Ingeniáq́ sua nõ in cõ-
seruanda Euangelij puritate, sed in statuẽdis
nouis ritibus & iniungẽdis onerib. quæ digito nolint cõtingere, exercuerũt. Sed manũ de
tabula. Cõsultius meo quidẽ iudicio & minùs
scrupulosè fecissẽt illi Patres, si omissis illis quæ
stionibus & horis bonis meliùs collocatis, cele
brandũ Pascha statuissent, mensis Aprilis pri
mo quoq́, die Dominico, ac interim nouam,

veterem, gibbosam, Calendas ac Neomenias valere iußißent. Quid enim obsecro veris Christianis qui iugo Legis & ceremoniarum per Christum liberati sunt, cum Neomenia, Plenilunio, prima aut decimaquarta Luna? Certè statos & determinatos dies in eum finem Ecclesiæ proceres & instituere & institutos obseruari debere possunt denunciare, vt populus stato die ad audiendum verbum Dei & recipienda sacramenta conueniat. ac non quòd eam obseruationem necessariam esse ad salutem & ad peccatorum remißionem existimare debeat. Sed interim sanciuerunt ne nisi die Dominico liceret Dominicum Pascha celebrare mysterium, obseruata tamen decimaquarta Luna: in quo certè & nonnihil Iudaizare videntur, & rudes in tantam superstitionem adducere, vt conscientiis laqueum iniiciant. adeo vt Afer ille papa Victor ecclesias Asiæ non alia de causa excommunicare & Anathemate deuouere præsumpserit, quàm quòd illæ alio quàm ecclesia Romana tempore, Pascha celebrarent. Quin & obseruant etiam ne XXII. Martii Pascha celebretur. vt etiam ille dies die Dominico contingat. & quatuor etiam aut quinque dierum interuallo à Luna decima quarta distet. Et rationem aßignant quòd ille vicesimus

RATIO. 85

mus secundus Martii terminus sit, vt antè dixi, quo infimum seu primum Pascha occurrit, & terminum & festum vno eodémque die celebrari vetant. Neque verò hæc à me dicta esse quis velim existimet, quò nostris hominib° scrupulũ de diei Pascha celebratione velim iniectum. Scio quippe ex noua Lege cuius bono & Christum piè profitēti, quouis die, quauis Luna & hora Pascha celebrare, paratóque & probato accedenti ad Synaxim, sacram Eucharistiam in mortis Christi commemorationem delibare licere. Sed πάρεργος profectò tam rei affinitate adductus quàm nescio quo modo orationis cursu abreptus, in hanc tractationem excurri: & quia mihi de Hebræorum Pesah sermo erat, de Romani Paschatis etiã hunc in diem obseruatione aliquid hîc dicere haud ita alienũ à ratione iudicaui. Cæterum Hebræi tertio quoque anno intercalant mensem vnum, vt diximus, dierum triginta trium. quo fit vt ante intercalationem annus perfectus esse & ad sua principia redire non possit. vnde necesse est quò id fiat, vt si quis Ephemeridē Hebræã construere velet, totum triennium vnà cum mense Embolimo dierum XXXIII. describere habeat, hoc modo. Anno M.D.LX, primus dies mensis Nisan primi mēsis Hebræo-

F. iii.

rum concurrebat cum decimoseptimo Martij nostri. & assignatis mensibus imparibus diebus triginta, paribus vigintinouem, vltimus anni Hebrai dies incidebat in decimūquintum Martij.

ANNO Millesimoquingentesimosexagesimo primo, primus dies mensis Nisan atque adeo primus anni illorum dies incipiebat à die insequente diem vltimum præcedentis anni, hoc est, à decimo sexto Martij, & desinebat annus ille in quartam Martij: qui ostendit tibi quintum diem Martii initium facere debere tertio anno, hoc est, anno Millesimo quingentesimo sexagesimo secundo. Ergo

ANNO Millesimo quingentesimo sexagesimo secundo, primus dies anni Hebraici concurrebat cum die quinto Martii, vltimus autem cum vigesimoprimo Februarii: vt appareat inter vltimum diem anni & primum dies vndecim intercedere, qui per tres ānos acernati triginta tres dies efficiūt & constāt: quot scilicet dies intercedere comperies inter primum diem primi anni triennii, id est decimū septimū Martii & inter vltimū diem anni tertii & vltimi triennii, id est, vigesimum mū primū Februarii. Sic dies tot additi. 1. triginta tres per mēsem Embolimū, efficient vt annus ad sua principia redeat. Mensis porro Embolimus anonymos est, & conflatur ex ter vndecim diebus triennii. Nam singuli anni quia Lunares sunt, anno Solari curtiores sunt & breuiores diebus vndecim, vt qui singuli diebus tātùm trecentis quinquaginta quatuor constent. & ter vndecim triginta tria conflant. Iam si Ephemeridem Hebræam construere voles, quærenda est primùm in diariis, vulgo Almanach dictis, noua prima Luna que occurrat pos octauum idus Martii, & ab ea primum diem anni Hebraici auspicabere. mensesque eo ordine & dierum numero digeres, quo prædictum est. Sic Hebraici anni ratio tibi constabit: & videbis, tribus annis affectis & renolutis, & adhæc intercalario mense dierum XXXIII. addito, nullo die aut deficiente aut superabundante, annum in se sua per vestigia volui, & ad eadem vnde incepit redire primordia. dierúmque serie ita sese continuare, vt nullus dies inter vltimum mensis Embolimi & totius triennÿ diem primum aut deficiat aut superabundet. Itaque summam dierum totius triennii Hebraicum XXXIII. diebus mensis Embo-

Sūt tamen qui hunc Veadar quasi alterum Adar vocari dicāt

F. iiii.

limi, æquare summam dierum annorum trium Solarium, quales sunt anni Romani: vtrique.n. anni explent dies Mille nonaginta quinque: quod patebit si dies CCCLXV. (tot autem annus Solaris capit neglectis hic diei quadrãtibus) ter multiplicaueris. idémque feceris in summa dierum annorũ trium Hebraorum cum mense intercalario, vt hic vides.

DIES anni Romani ter aucti:	DIES anni Hebræi ter multiplicati:
365	354
3	3
1095	1062
	33 Adde
	1095 mensem Embolimũ dierum XXXIII.

Hactenus de anno Hebræo.

De anno

De anno Mace-
DONICO.

DE MENSIBVS MA-
CEDONVM SEV
Græcorum.

1. Xantichus.
2. Artemisius.
3. Deutius.
4. Panemus.
5. Lous.
6. Gorpiæus.
7. Hyperberetæus.
8. Dius.
9. Apellæus.
10. Audinæus.
11. Peritius.
12. Dystrus.

Pares omnes dies habent XXIX.

IMPARES, *dies* XXX.
INTERCALARIVS *mensis dierum*
XXXIII.

Si ergo Ephemeridem Macedonicam construere voles, venare primam Lunam nonam post octauum Idus Martij, sicut in anno Hebræo diximus, anno bissextili Romano, & ab ea prima noua Luna primum & anni & mensis Xantichi diem auspicare, & triennio conscripto, continuato dierum & mensiū ordine dum ad finem tertii anni deueneris, intercala mensem vnum dierum triginta trium, sic tibi Macedonici anni ratio constabit, & videbis cui mensi Latino Xantichus, cui Artemisius, Deutius aut alius respondebit.

Quidam mensibus Macedonum, quos & Græcos vocant, hæc imponunt nomina, quæ mista sunt, vt videre licet, ex Hebræis mensium nominibus & Barbaris. fortasse sunt nomina hodie inter Græcos & Turcas vsurpata.

  1 *Tisrim.* 1. *October.*
  2 *Tisrim.* 2.
         3 Re-

RATIO. 91

3 Remiz. 1.
4 Remiz. 2.
5 Sabath.
6 Adar.
7 Nisan.
8 Idar.
9 Haciran.
10 Thamuz.
11 Abh.
12 Eyul.

MACEDONES, quod ad anni sui ordinationem spectat, Hebræorum morem insecutos ac à prima Luna verna annum suum fuisse exorsos vel hoc vno argumento potest constare, quòd Iosephus in suis illis Antiquitatum libris crebrò & ferè vbique Hebræos nominibus Macedonicis exprimit. quod & auctor Machabæorum facit. Huc adde quòd Galenus & AEtius medici præstantißimi ortu & occasu syderum ita ipsos designant, vt de eo dubitare nemo poßit. quod & ex sequentibus palam fiet. de singulis enim mensibus ordine dicere institui Ac primùm de Xanticho.

1 XANTICHVS.

XANTICHI mentio sit apud Iosephum locis dictis & designatis in tractatu de mense Nisan, & praeterea Machaba.2. cap.11, in epist. Antiochi ad Senatum Iudaorū, His igitur qui commeant vsque ad diem tricesimum mensis Xantichi damus dextras securitatis, &c. Item in fine epistolarum Antiochi & Romanorum ad Iudaos sic legitur, Valete. Anno centesimo quadragesimo octauo, Xantichi mensis die XV. Ætius medicus Sermone 3.tetrabibli primæ, capite cētesimo sexagesimo quarto, Mense Xanticho, inquit, prima die Intempesta nocte Pleïades apparent. Cornarius interpres Aprilem interpretatur. Euagrius historiæ Eccles. lib. 4. cap.9, de Iustiniano Iustini ex sorore nepote loquens, Hic imperator, inquit, declaratus est prima mensis Xantichi quem Aprilem vocāt. Suidas, Ξανθικὸς ὄνομα μηνὸς παρὰ μακεδόσιν ὁ Ἀπρίλιος.

2 ARTEMISIVS.

ARTEMISII meminit Iosephus locis ante citatis in anni Hebrai tractatione in mense Zio. Meminit & Galenus tam Artemisii

misis quàm Dÿ, Peritii & Loi initio cōmenta, in 1. Epide͜. his post alia verbis, ὅξ, ἡ ὅπως
ἔτυχεν, ἐὰν ϖεςμάτη τὸ, κζ τὴν ἀρχὴν τῦ Δίου
μηνὸς φθινοπώρου γίνεθς͜ ἐπιμελείαν, εἴσεται
τὴν μὲν χειμερινὴν τροπὴν ὡς μὴ πρεῖς μῆνας ἐσομένην ἐν ἀρχῇ τῆ καθ᾽ ἑαυτοὺς Περιτίου
μηνὸς τοῦτο γὰρ σημαίνει κζ Μακεδόνας τὴν δὲ
ἰαρινὴν ἐπιμελείαν Ἀρτημισίω. καθάπερ καὶ
τὴν θερινὴν τῦ Λώου. κζ γὰρ τὰς ἀρχὰς τῶ͂ν τριμ-
ηνιῶν μηνῶν αἵ τ᾽ ἐπιμελείᾳ καὶ αἱ τροπαὶ γί-
νονταιʹ κζ Μακεδόνας. id est, ut si, exempli gra
tia, antea didicerit Autumnale fieri AEquinoctium in principio mēsis Dÿ, sciet Hyema-
le͜ Solstitium fieri quasi post tres menses in
principio mensis secūdum ipsos Peritii (nempe hoc nomine à Macedonibus exprimitur)
Vernum autem AEquinoctium principio
Artemisii, veluti & Solstitium æstiuū initio
Loi. Sic aūt ut scripsi legendū est apud Gal.
græcum, cùm malè legatur εἴσεται pro ἔσεται & τῆκαθ᾽ ἑαυτὸν Πεειτ@, pro τʹ καθ᾽
ἑαυτοὺς (τοὺς μ̆ακεδόνας) Περιτίω. Et AEtius li.
3. cap. 163, Mensis Artemisii, inquit, prima
die Hyades simul cum Solis ortu oriūtur: Cor
narius Maiū latinè expressit. Meminit & hu
ius Euagrius Eccl. hist. lib. 4. c. 1p. 5, de temporibus Iustini loquēs, Etenim, inquit, paulò
pòst anno illius imperii septimo mense deci-

mo, qui tum Artemisius. Maius videlicet erat, vicesimanona die mensis in primo puncto meridiei, die sexta Hebdomadis cócussio & terræ motus occupatam ciuitatem propè vniuerſam (de Antiochia loquitur) ſubuerte runt. Thucidides etiam libro quinto, Facta fuit pax, inquit, Plyſtola Ephoro Lacedemone, diebus quatuor ante finem menſis Artemiſii: Athenis Alceo duce, ſex diebus antè ſinē Elaphebolionis. Quo loco Thucidides menſes menſibus non confert: Artemiſium dico Macedonicum menſem, cum Elaphebolione menſe Attico: ſed notat dies quibus pax Athenis, & quibus Lacedemone propoſita ſit. quæ res temporis intercapedinem requirit. Suidas. Ἀρτεμίσιος παρὰ Μακεδόσιν, ὁ μάϊος.

3 DEVTIVS.

Δαῖσιος: Suida Δίσιος: Plutarcho Δαίσιος dicitur in fine Arati, cùm ſcribit ſacrificiū Arato fieri quotannis die Dæſii menſis, quē Athenis Antheſterionem appellant. & in fine vitæ Alexandri, ſcribit ipſum mortuum eſſe poſtrema die menſis Dæſii. & ibidem circa medium, Nonnulli, inquit, cōſuetudinem etiam obſeruandā putabant,

bant, qua receptum erat, ne Desio mense exercitum Rex Macedonum educeret. Hoc quidem ita correxit Alexander, vt Artemisium denuo agi iuberet. Huius mensis & sequentium credam AEtium meminisse loco antè in Artemisio citato. Interpres omissis nominibus Græcis, quibus auctorem vsum fuisse credibile est, vt & in duobus præcedentibus mensibus fecit, Latina mensium nomina expressit. Ego defectu codicis Græci verba auctoris citare non potui.

4 PANEMVS.

SVIDAS, Πάνεμ⊙ ὄνομα μηνὸς παρὰ Μακεδόσιν. ὁ Ἰούλι⊙. Euagrius historiæ Ecclesiasticæ libro quarto, capite primo, Iustinus, inquit, natione Thrax purpuream togam vsurpauit nona mensis Panemi, qui Iulius apud Romanos nominatur. Plutarchus in Camillo, Contrà Metagitnion, inquit, quem Panemum Bœoti dicunt, Græcis inauspicatus fuit. Demosthenes in oratione de Corona, in epistola Philippi regis Macedonum ad Peloponesiorum fœderatos, magistratus, assessores & alios, ἄστε συναπᾶτι μὴ τ ὅπλων εἰς τ φωκίδα, ἔχντις

ἐπὶ τίσι μὲν ἡμερῶν τεσσαράκοντα τῶν ἐνεστώ-
τῳ μηνὸς Λῴου, ὡς ἡμεῖς ἄγομεν, ὡς δ' Ἀθηναῖοι Βοηδρομιῶνος, ὡς ᾖ Κορίνθιοι Πάνεμου.
1. *Quare armati nobis occurrite in* Phocide
allato commeatu dierum quadraginta præ-
senti mense Loo *vt nos habemus, vt Athe-*
nienses Boëdromione, vt Corinthii Panemo.
Qui locus si verus est, pro Panemo, mense vt
hic dicit Corinthio, alium in ordine mensiu
Macedonicorū substituere oportet: nisi si for-
tasse Panemº Bœotis & Corinthiis vt & Ma
cedonibus quoque cōmunis est. Meminit &
Panemi Plutarch. in Aristide, *de pugna ad*
Plateas loquens, ταύτην τὴν μάχην ἐμα-
χέσαντο τῇ ἑκτάδι τοῦ Βοηδρομιῶνος ἱσταμένου
κατ' Ἀθηναίοις, κατὰ ᾖ Βοιωτοὺς τετράδι τοῦ Πανέμου
φθίνοντος. *i. Hoc prælium cōmissum est quar-*
to die instantis Boëdromionis secundum A-
thenienses, secundum Bœotos verò quarto
die Panemi desinentis.

5 Loos.

QVÆ *Galenus de mense* Loo *dicat vide*
antè in tractatione mensis Artemisii. *Item*
& qua ex Demosthene citauimus antè in
Panemo. *Meminit & huius Euagrius histo.*
Eccl. cap. 9. lib. 4. scribens Iustinum supremū
vitæ

vita diem obiisse primo die mēsis Loi. 1. Augusti: Suidas, Λῶ͂ος ὄνομα μίωὸς ϗϡ Μακεδόσι. ὁ Αὔγυσος. Meminit & huius Plutarchus in Alexandro, ubi eum Hecatombæoni confert initio, Natus est (Alexander) sexto die Hecatombæonis, quem Macedones Loū nominant, &c.

6 GORPIÆVS.

GORPIÆI meminit Euagrius hist. Eccl. lib. 4. ca. 4. in fine, Factus est autem Seuerus, inquit, à sua sede profugus mense Gorpiæo quem Romani Septembrem vocant. Plutarchus in Theseo de Cypriis loquens, In sacris, inquit, quæ fiunt Nonis Gorpiæi mensis, &c. Suidas, Γορπιαῖος μίω ὁ Σεπίεμβεριος κỳ Μακεδόνας.

7 HYPERBERETÆVS.

HVIVS mensis meminit Galenus lib. 4. de sanitate tuēda, his verbis, Ἐϛὶ μίω ὡραιότε ον τῆς Ἐλάτης τὸ ϲπέρμα πέξι τίω ὀπιπολίω τῦ Ἀϛπτέργυ. ὅτις καιρὸς ἐν Ῥώμῃ ὁ καλούμενος μίω Σεπτέμβεριος ὲϛὶν· ἐν Περγάμῳ δὲ παρ' ἡμῖν ὠπ Γερπαῖος, Ἀδιήνησι ϳ μυσήρια: 1. Est, inquit, maturrimum Abietis semen

G.

circiter Arcturi ortũ, quod tempus Romæ Septembrem vocant: Pergami verò apud nos mensis Hyperberetæus: Athenis verò Mysteria. Ioseph. Antiquit. Iud.lib.3.cap.10. & secundum veterem trala.cap.13, Septimo item mense quem Macedones Hyperberetæum vocant, præter iam dicta taurum & arietem & septem agnos mactant. Et lib.8.cap.7. Menandrum citans loquentẽ de Ithobalo Tyriorum rege, Hoc regnante, inquit, pluuiarũ defectus fuit ab Hyperberetæo mense vsque ad insequentis anni Hyperberetæum continuus. In Decret. Can. Dist.27.hac verba habētur, Secundum verò Conciliũ Idibus Octobris habeatur, qui dies apud Græcos Hyperberetæi mensis decimus inuenitur. Legendum verò ibi est Hyperberetæi, non, vt habetur, Hyperbiti: Suidas, Ὑπερβερεταῖ⊙ ὁ μὴν ϗ Μακεδόνας, ὁ Ὀκτώβριος. quo loco miror Suidam scribere Hyperberetæum vltimum anni esse mensem. vnde prouerbiũ citat, Hyperberetæus, de tardantibus seu serò aliquid agentibus, aut etiam de longæuis ætatem in multos annos protelantibus.

§ DIVS.

DE *Dio* vide quæ diximus antè in mense
Bul

RATIO. 99

Bul, octauo apud Hebræos mense. Suidas, Δῖος ὄνομα μηνὸς παρὰ Μακεδόσι, ὁ Νέος. 1. Dius nomen mensis apud Macedonas, Nouember.

9 APELLÆVS.

Euagrius historia Ecclesiastica lib. 4. cap. 19, Factáque est Romanis Roma rursum subiecta post annos sexaginta, nona mensis Apellei, quē Romani Decembrem vocant. Iosephus eum confert cum Chisleu mēse 9. apud Hebræos. Vide locū antè in Chisleu. Suidas, Ἀπελλαῖος παρὰ Μακεδόσιν, ὁ Δεκέμβριος μήν.

10 AVDINÆVS.

Suidas, Αὐδιναῖος ὄνομα μηνὸς παρὰ Μακεδόσι, ὁ Ιανυάριος. Vide AEtium græcum lib:3. cap. 163.

11 PERITIVS.

PERITII meminit Galenus loco antè citato in Artemisio secundo mense Macedonico, & AEtius etiam loco supra citato. Suidas, Περίτιος μὴν κῷ Μακεδόνας ὁ Φεβρυάριος. i, Peritius mensis secundum Mace-

G. ii.

donas Februarius.

12 Dystrvs.

SVIDAS, Δύςρος ὁ Μάρτιος μὴν παρὰ Μακεδόσιν. 1. *Dystrus apud Màcedonas mēsis est Martius. Vide quæ de eo antè diximus in mense Adar duodecimo & vltimo mensium Hebræorū. Certè Dystrus videtur is esse quē Lysias Antiochi procurator & propinquus, Machabæorum 2.cap. 11. in fine epistolæ quã ad Senatum Iudæorum scribit, Dyoscurum vocat. Et certè credam legendum ibi esse mensis Dystri die 24, &c. cùm legatur Dioscuri. Auget cōiecturam, quòd ibidem crebra fit mentio Xantichi mensis primi Macedonū Dystrum ordine sequentis anno reuoluto. AEtius etiam lib. 3. cap. 163. Dystri meminit his verbis, Μέse, inquit, Dystro(qui Martius est)Equus oritur XIX die. vt coniiciam AEtium eo loco menses Macedonicos omnes expressisse, & suis nominibus appellauisse, vt dixi in Deutio. sed quia codice Aëtii græco destituebar, id pro certo affirmare non sum ausus. quia tamen ibi Xantichi, Artemisii & Dystri nomen interpres retinuit, de reliquorum mensium nomine coniecturam facio.*

Hacte-

RATIO.

Hactenus de anno Macedonum
seu Græcorum.

De anno Attico

ATTICORVM DVO-
decim mensium ex ordine
nomina.

1 Hecatombæon.	Solsti-	7	Posideon.
2 Metageitnion.	tiales mē-	8	Gamelion.
3 Boëdromion.	ses.	9	Elaphebolion.
4 Maimacterion.	Æqui-	10	Munichion.
5 Pyanepsion.	noctia les mē	11	Thargelion.
6 Anthesterion.	ses.	12	Scirrophoriō.

IMPARES, *dies habent*   XXX.
PARES, *dies*   XXIX.

Post octo annos intercalant menses
tres tricenûm singulos dierum.

HECATOMBÆON.

Antequam Hecatombaeonem primum

G.iii.

esse anni Attici mensem probare aggredior, monere primùm lectorem operæpretium duxi, Atticos ab æstiuo Solstitio annum suum exordiri esse solitos. Cuius dicti locupletes testes esse possunt Plato & Simplicius. Ac Plato quidem sic insit. lib. 6. de legibus, Omnes magistratus tam annui quàm lógioris temporis, pridie Calend. mensis illius quo post Solstitium æstiuum nouus annus incipit, in vnum templum conueniāt, &c. Simplicius in lib. 5. Phisicæ Aristotelis sic scribit, ἡς δ᾿ ἡμεῖς ποιόμεϑα ἀρχὰς ἐνιαυτ μὴν περὶ ϑεριναξ τροπας ὡς Ἀϑηναῖοι, ἢ περὶ μετοπωριναξ ὡς οἱ περὶ τὴν νῦν καλυμένην Ἀσίαν, ἢ περὶ χειμεριναξ ὡς Ῥωμαῖοι, ἢ περὶ ἰσημεριαξ ὡς Ἄραβες ἐ Δαμασκηνοὶ. Quæ quidem, inquit, nos facimus anni initia vel circa Solstitium æstiuū vt Athenienses, vel circa Autumnale Æquinoctium vt terræ quæ nunc Asia dicitur incolæ, vel circa Brumam vt Romani. Cùm ergo his auctoribus à tropico æstiuo Atticis anni sui sit principium, reliquum est vt Hecatombæonem & primum anni mensem esse & Solstitio proximum ostendamus. Ostendere porrò facile erit ex Aristotele, qui lib. 5. de natura Animalium cap. 11. docens pisces alios æstate, alios hyeme partus suos edere, tandem exempli gratia subinfert, Χειμῶνος μὴν

μὲν Λάβραξ καὶ Κεςρεὺς, θέρες ᾗ περὶ τ̓ Ἑκατομβαιῶνα Θωνίδες περὶ ζοπὰς θειναὶ, Id
est, Hyeme quidem Lupus & Mugilis, æstate
circa Hecatombæonē atq̄, adeo circa Solstitiū
æstiuum Thynnus: Et ibidem lib. 6. cap. 17,
Ὁ χδίον᾿) Θιω̃νοι κὴ Σκόμβεα περὶ τ̓ Ἐλαφηβολιῶνα φθίνοντα, τίκτουσι ᾗ περὶ τ̓ Ἐκατομ-
βαιῶνα ἀρχόμϵνον. i, Coeunt Thynni & Scō-
bri circa Elaphebolionē desinentem, pariunt
circa Hecatombæonē incipientē. Nam quod
hoc posteriore loco circa ineūtem Hecatombæo
nē Thynnos & Scōbros parere dixit, in priore
explicatius dixit circa Hecatōb. & circa Solst.
innuēs scz. circa Hecatōb. Solst. cōtingere, præ
sertim trib. aut quatuor primis octēnii annis.
aliis non semper Hecatombæone Solstitium
contingit: vt constructa, si voles, Ephemeride
deprehendere poteris. Siquidem aliis atque aliis octennii annis Solstitium in alium
atq̄, alium mensem incidit, nec statum semper & certum aut diem aut mensem habet.
Nam in quarto & sexto octennii annis Metageitnione cōtingit: illo anno XIIII. die, hoc
XXV. Eoq̄, nō temerè est quòd auctores his di-
cēdi formulis vtūtur, περὶ τ̓ Ἐλαφηβολιῶνα,
Ἑκατομβαιῶνα, περὶ τὰς ζοπὰς, &c. i. circa
Elaphebolionē, Hecatombæonē, circa Solstitia
& c. Sed & ex Theophr. quæq̄ licet ostendere

G. iiii.

IMPARES, *dies* XXX.
INTERCALARIVS *mensis dierum*
XXXIII.

*Si ergo Ephemeridem Macedonicam con-
struere voles, venare primam Lunam nouam post octauum Idus Martij, sicut in anno
Hebræo diximus, anno bissextili Romano,
& ab ea prima noua Luna primum & anni
& mensis Xantichi diem auspicare, & triennio conscripto, continuato dierum & mensiũ
ordine dum ad finem tertii anni deueneris, intercala mensem vnum dierum triginta trium. sic tibi Macedonici anni ratio constabit, & videbis cui mensi Latino Xantichus, cui Artemisius, Deutius aut alius
respondebit.*

*Quidam mensibus Macedonum, quos &
Græcos vocant, hæc imponunt nomina, quæ
mista sunt, vt videre licet, ex Hebræis mensium nominibus & Barbaris. fortasse sunt
nomina hodie inter Græcos & Turcas v-
surpata.*

1 *Tisrim.*   1. *October.*
2 *Tisrim.*   2.
                              3 Re-

RATIO.

3 Remiz. 1.
4 Remiz. 2.
5 Sabath.
6 Adar.
7 Nisan.
8 Idar.
9 Haciran.
10 Thamuz.
11 Abh.
12 Eyul.

MACEDONES, quod ad anni sui ordinationem spectat, Hebræorum morem insecutos ac à prima Luna verna annum suum fuisse exorsos vel hoc vno argumento potest constare, quòd Iosephus in suis illis Antiquitatum libris crebrò & ferè vbique Hebræos nominibus Macedonicis exprimit. quod & auctor Machabæorum facit. Huc adde quòd Galenus & AEtius medici præstantißimi ortu & occasu syderum ita ipsos designant, vt de eo dubitare nemo poßit. quod & ex sequentibus palam fiet. de singulis enim mensibus ordine dicere institui
Ac primùm de
Xanticho.

ANNI MACEDONICI

1 XANTICHVS.

XANTICHI mentio fit apud Iosephum locis dictis & designatis in tractatu de mense Nisan, & præterea Machabæ.2. cap.11, in epist. Antiochi ad Senatum Iudæorū, His igitur qui commeant vsque ad diem tricesimum mensis Xantichi damus dextras securitatis,&c. Item in fine epistolarum Antiochi & Romanorum ad Iudæos sic legitur, Valete. Anno centesimo quadragesimo octauo, Xantichi mensis die XV. Aëtius medicus Sermone 3. tetrabibli primæ, capite cētesimo sexagesimo quarto, Mense Xanticho, inquit, prima die Intempesta nocte Pleïades apparent. Cornarius interpres Aprilem interpretatur. Euagrius historiæ Ecclef. lib. 4. cap.9, de Iustiniano Iustini ex sorore nepote loquens, Hic imperator, inquit, declaratus est prima mensis Xantichi quem Aprilem vocat. Suidas, Ξανθικὸς ὄνομα μηνὸς παρὰ μακεδόσιν ὁ Ἀπρίλιος.

2 ARTEMISIVS.

ARTEMISII meminit Iosephus locis antè citatis in anni Hebræi tractatione in mense Zio. Meminit & Galenus tam Artemisii

misii quàm Dÿ, Peritii & Loi initio cōmenta.in 1.Epide .hû post alia verbis, ὅτι, ἥ ἅπαξ ἔτυχεν, ἰαὶ θερμάτη τὸ, κ᾽ τὴν ἀρχὴν τῇ Δύμηνὸς φθινοπώρου γίνεϑ, ἰσημερίαν, εἴσεται τὴν μὲν χειμερινὴν ζοπὴν ὡς μ᾽ τρεῖς μῆνας ἐσομένην ἐν ἀρχῇ τῇ καθ᾽ ἑαυτοὺς Περιτίου μηνὸς τοῦτο γὰ σημαίνει κ᾽ Μακεδόνας τὴν δὲ ἐαρινὴν ἰσημερίαν Ἀρτημισίω, καθάπερ καὶ τὴν θερινὴν τῇ Λώ.κ᾽ γὰ τὰς ἀρχὰς τῶν ϟρημένων μηνῶν αἵ τ᾽ ἰσημερίαι & αἱ τροπαὶ γίνονται κ᾽ Μακεδόνας. id est, vt si, exempli gratia, antea didicerit Autumnale fieri AEquinoctium in principio mēsis Dÿ, sciet Hyemale Solstitium fieri quasi post tres menses in principio mensis secūdum ipsos Peritii (nempe hoc nomine à Macedonibus exprimitur) Vernum autem AEquinoctium principio Artemisii, veluti & Solstitium astiuū initio Loi. Sic aūt vt scripsi legendū est apud Gal. græcum, cùm male legatur οἴσεται pro ἔσεται & τῇ καθ᾽ ἑαυτὸν Περάτ&, pro τῇ καθ᾽ ἑαυτοὺς (τοὺς μακεδόνας) Περιτίω. Et AEtius li. 3.cap.163, Mensis Artemisii, inquit, prima die Hyades simul cum Solis ortu oriūtur: Cornarius Maiū latinè expreßit. Meminit & huius Euagrius Eccl.hist.lib.4.c.ip.5, de temporibus Iustini loquēs, Etenim, inquit, paulò pòst anno illius imperii septimo mense decmo, qui tum Artemisius. Maius videlicet erat, vicesimanona die mensis in primo puncto meridiei, die sexta Hebdomadis cocussio & terræ motus occupatam ciuitatem propè vniuersam (de Antiochia loquitur) subuerterunt. Thucidides etiam libro quinto, Facta fuit pax, inquit, Plystola Ephoro Lacedemone, diebus quatuor ante finem mensis Artemisii: Athenis Alceo duce, sex diebus antè sinē Elaphebolionis. Quo loco Thucidides menses mensibus non confert: Artemisium dico Macedonicum mensem, cum Elaphebolione mense Attico: sed notat dies quibus pax Athenis, & quibus Lacedemone proposita sit. quæ res temporis intercapedinem requirit. Suidas. Ἀρτεμίσιος παρὰ Μακεδόσιν, ὁ μάϊος.

3 DEVTIVS.

Δάσιος: Suidæ Δέσιος: Plutarcho Δαίσιος dicitur in fine Arati, cùm scribit sacrificiū Arato fieri quotannis die Dæsii mensis, quē Athenis Anthesterionem appellant. & in fine vitæ Alexandri, scribit ipsum mortuum esse postrema die mensis Dæsii. & ibidem circa medium, Nonnulli, inquit, cōsuetudinem etiam obseruandā putabant,

bant, qua receptum erat, ne Dæsio mense exercitum Rex Macedonum educeret.
Hoc quidem ita correxit Alexander, vt
Artemisium denuo agi iuberet. Huius
mensis & sequentium credam AEtium meminisse loco antè in Artemisio citato.
Interpres omissis nominibus Græcis, quibus
auctorem vsum fuisse credibile est, vt & in
duobus præcedentibus mensibus fecit, Latina mensium nomina expressit. Ego defectu codicis Græci verba auctoris citare
non potui.

4 Panemvs.

SVIDAS, Πανέμ۞ ὄνομα μίωὸς πα-
ρὰ Μακεδόσιν. ὁ Ιούλι۞. Euagrius historia Ecclesiastica libro quarto, capite primo,
Iustinus, inquit, natione Thrax purpuream togam vsurpauit nona mensis Panemi, qui Iulius apud Romanos nominatur.
Plutarchus in Camillo, Contrà Metageitnion, inquit, quem Panemum Bœoti dicunt, Græcis inauspicatus fuit. Demosthenes
in oratione de Corona, in epistola Philippi regis Macedonum ad Peloponesiorum
fœderatos, magistratus, assessores & alios, ά-
στ συναιτᾶτι μ᾽ τ ἐπλων εἰς τ φωκίδα, ἔχοντις

vita diem obiisse primo die mēsis Loi. 1. Augusti: Suidas, Λῷῼ ὄνομα μluὼς ϖ᷃ϼϰ Μακεδόσι. ὁ Αὐγȣ́ςȣς. Meminit & huius Plutarchus in Alexandro, vbi eum Hecatombaoni confert initio. Natus est (Alexander) sexta die Hecatombaonis, quem Macedones Loü nominant, &c.

6 GORPIÆVS.

GORPIÆI meminit Euagrius hist. Eccl. lib. 4. ca. 4. in fine. Factus est autem Seuerus, inquit, a sua sede prefugus mense Gorpiæo quem Romani Septembrem vocant. Plutarchus in Theseo de Cypriis loquens, In sacris, inquit, quæ fiunt Nonü Gorpiai mensis, &c. Suidas, Γοϼπαῖῼ μlυὼ ὁ Σεπτέμϐεϼῼ κȷ̃ Μακεδόνας.

7 HYPERBERETÆVS.

HVIVS mensis meminit Galenus lib. 4. de sanitate tuēda, his verbis, Ἐ᷂ μ̃ὴ ὠρακ᷃ϛα ᾽ον τῆς Ἐλάτης τὸ σπέϼμα. σϖὲ̃ τlὼ ὑπϊολὴν τȣ̃ Ἀϼκτȣ́ϼȣ. ὅςις ϰ̃ϊϼὸς ἐν Ῥώμῃ ὁ καλȣ́με-νῼ μlυὼ Σεπτέμϐεϼῼ ἐξι̃ν · ἐν Περγάμῳ δὲ παϼ ἡμῖν ὑπὲϼϐεϼταῖῼ, Ἀ θήνῃσι δ᷈ μυςήϼια: 1. Est, inquit, maturrimam Abietis semen

G.

circiter Arcturi ortū, quod tempus Roma Sep
tembrem vocant: Pergami verò apud nos
mensis Hyperberetæus: Athenis verò Myste
ria. Ioseph. Antiquit. Iud. lib. 3. cap. 10. & secundum veterem trala. cap. 13, Septimo item
mense quem Macedones Hyperberetæum
vocant, præter iam dicta taurum & arietem
& septem agnos mactant. Et lib. 8. cap. 7. Me
nandrum citans loquentē de Ithobalo Tyriorum rege, Hoc regnante, inquit, pluuiarū
defectus fuit ab Hyperberetao mense vsque ad insequentis anni Hyperberetæum
continuus. In Decret. Can. Dist. 27. hæc verba habētur, Secundum verò Conciliū Idibus
Octobris habeatur, qui dies apud Græcos Hyperberetai mensis decimus inuenitur. Legen
dum verò ibi est Hyperberetai, non, vt habe
tur, Hyperbiti: Suidas, Ὑπερβερεταῖος ὁ μὴν
κ᾽ Μακεδόνας, ὁ Ὀκτόβριος. quo loco miror
Suidam scribere Hyperberetæum vltimum
anni esse mensem. vnde prouerbiū citat, Hyperberetæus, de tardantibus seu serò aliquid
agentibus, aut etiam de longæuis ætatem in
multos annos protelantibus.

§ DIVS.

DE Dio vide quæ diximus antè in mense
Bul

Bul, octauo apud Hebræos mense. Suidas,
Δῖος ὄνομα μluὸς ϖgὰ Μακεδόσι, ὁ Νέος.
1. Dius nomen mensis apud Macedonas, No-
uember.

9 APELLÆVS.

Euagrius historiæ Ecclesiastica lib. 4. cap.
19, Factáque est Romanis Roma rursum sub-
iecta post annos sexaginta, nona mensis A-
pellæi, quē Romani Decembrem vocant. Io-
sephus eum confert cum Chisleu mēse 9. apud
Hebræos. Vide locū antè in Chisleu. Suidas,
Ἀπελλαῖος ϖgὰ Μακεδόσιν, ὁ Δεκέμβριος
μlυὼ.

10 AVDINÆVS.

Suidas, Αὐδιναῖος ὄνομα μlυὸς ϖgὰ
Μακεδόσι, ὁ Ιανσάει<g>. *Vide AEtium græ-*
cum lib:3. cap.163.

11 PERITIVS.

PERITII meminit Galenus loco antè
citato in Artemisio secundo mense Macedo-
nico, & AEtius etiam loco supra citato. Sui-
das, Περίτιος μὴν κὰ Μακεδόνας ὁ Φεβρυα-
ριος. *i, Peritius mensis secundum Mace-*

G. ij.

donas Februarius.

12 Dystrvs.

Svidas, Δύςρος ὁ Μάρτιος μὴν ☞ Μακεδόσιν. 1. Dystrus apud Macedonas mēsis est
Martius. Vide quæ de eo antè diximus in
mense Adar duodecimo & vltimo mensium
Hebræorū. Certè Dystrus videtur is esse quē
Lysias Antiochi procurator & propinquus,
Machabæorum 2.cap. 11. in fine epistolæ quā
ad Senatum Iudæorum scribit, Dyoscurum
vocat. Et certè credam legendum ibi esse
mensis Dystri die 24, &c. cùm legatur Dioscuri. Auget cōiecturam, quòd ibidem crebra
fit mentio Xantichi mensis primi Macedonū
Dystrum ordine sequentis anno reuoluto.
AEtius etiam lib.3. cap.163. Dystri meminit
his verbis, Mēse, inquit, Dystro (qui Martius
est) Equus oritur XIX die. vt coniiciam AE-
tium eo loco menses Macedōnicos omnes expressisse, & suis nominibus appellauisse, vt
dixi in Deutio. sed quia codice Aëtii græco
destituebar, id pro certo affirmare non sum
ausus. quia tamen ibi Xantichi, Artemisii &
Dystri nomen interpres retinuit, de
reliquorum mensium nomine
coniecturam facio.

Hacte-

RATIO. 101

Hactenus de anno Macedonum
seu Græcorum.

De anno Attico

ATTICORVM DVO-
decim mensium ex ordine
nomina.

1 Hecatombæon.	Solsti-	7 Posideon.
2 Metageitnion.	tiales mē-	8 Gamelion.
3 Boëdromion.	ses.	9 Elaphebolion.
4 Maimacterion.	Æqui-	10 Munichion.
5 Pyanepsion.	noctia- les mē	11 Thargelion.
6 Anthesterion.	ses.	12 Scirrophoriō.

IMPARES, *dies habent*   XXX.
PARES, *dies*   XXIX.

Post octo annos intercalant menses
tres tricenûm singulos dierum.

HECATOMBÆON.

Antequam Hecatombaonem primum
G. iii.

esse anni Attici mensem probare aggredior, monere primùm lectorem operæpretium duxi, Atticos ab æstiuo Solstitio annum suum exordiri esse solitos. Cuius dicti locupletes testes esse possunt Plato & Simplicius. Ac Plato quidem sic insit. lib. 6. de legibus, Omnes magistratus tam annui quàm lôgioris temporis, pridie Calend. mensis illius quo post Solstitium æstiuum nouus annus incipit, in unum templum conueniât, &c. Simplicius in lib. 5. Phisicæ Aristotelis sic scribit, ἡς δ᾽ ἡμεῖς ποιύμεθα ἀρχὰς ἐνιαυτῶ μὲν περὶ θερινὰς τροπὰς ὡς Ἀθηναῖοι, ἢ περὶ μετοπωρινὰς ὡς οἱ περὶ τὴν νῦν καλυμδύίω Ἀσίαν, ἢ περὶ χειμερινὰς ὡς Ῥωμαῖοι, ἢ περὶ ἐαρινὰς ὡς Ἄραβες ἢ Δαμασκίωοὶ: Quæ quidem, inquit, nos facimus anni initia vel circa Solstitium æstiuū vt Athenienses, vel circa Autumnale AEquinoctium vt terræ quæ nunc Asia dicitur incolæ, vel circa Brumam vt Romani. Cùm ergo his auctoribus à tropico æstiuo Atticis anni sui sit principium, reliquum est vt Hecatombæonem & primum anni mensem esse & Solstitio proximum ostendamus. Ostendere porrò facile erit ex Aristotele, qui lib. 5. de natura Animalium cap. 11. docens pisces alios æstate, alios hyeme partus suos edere, tandem exempli gratia subinfert, Χειμῶνος μὲν

μὲν Λάβραξ καὶ Κεστρεὺς, θέρες ᾗ περὶ τ᾽ Ἑκατομβαιῶνα Θυννίδες περὶ τροπὰς θερινάς, Id
est, Hyeme quidem Lupus & Mugilis, æstate
circa Hecatombæonē atq; adeo circa Solstitiū
æstiuum Thynnus: Et ibidem lib. 6. cap. 17.
Ὀχδύον.) Θυῆσι κỳ Σκόμβροι περὶ τ᾽ Ἐλαφηβολιῶνα φθίνοντα, τίκτουσι ᾗ περὶ τ᾽ Ἑκατομβαιῶνα ἀρχόμϟυον. i. Coëunt Thynni & Scō-
bri circa Elaphebolionē desinentem, pariunt
circa Hecatombæonē incipientē. Nam quod
hoc posteriore loco circa ineūtem Hecatombæ
nē Thynnos & Scōbros parere dixit, in priore
explicatius dixit circa Hecatōb. & circa Solst.
innuēs scz. circa Hecatōb. Solst. cōtingere, præ
sertim trib. aut quatuor primis octēnii annis.
aliàs non semper Hecatombæone Solstitium
contingit: ut constructa, si voles, Ephemeride
deprehendere poteris. Siquidem alius atque alius octennii annus Solstitium in alium
atq; alium mensem incidit, nec statum semper & certum aut diem aut mensem habet.
Nam in quarto & sexto octennii annis Metageitnione cōtingit: illo anno XIIII. die, hoc
XXV. Eóq; nō temerè est quòd auctores his di-
cēdi formulis utūtur, περὶ τ᾽ Ἐλαφηβολιῶνα,
Ἑκατομβαιῶνα, περὶ τὰς τροπὰς, &c. i. circa
Elaphebolionē, Hecatombæonē, circa Solstitia
& c. Sed & ex Theophr. quipp; licet ostendere

G. iiii.

ANNI ATTICI

Hecatombæonem primum anni Attici mensem esse & Solstitio proximum. Is enim scribens calamum tibialem, cùm adhuc simplici musica vterentur Græci, tempestiuè cædi solitam ante Antigenidem, sub Arcturo, mense Boedromione. nunc autem mutatam esse cæsuram subdit, Τέμνεσι γὰρ δὴ νιῶ, φησί, τῶ Σκιρροφοριῶνος κỳ Ἑκατομβαιῶνος ὥσπερ πρὸ τροπῶν μικρὸν ἢ ὑπὸ τροπὰς. Cadunt, inquit, nunc Scirrophorione & Hecatombæone quasi paulò ante Solstitium vel sub ipso. Quinetiam idipsum etiam liquet ex Demosthenis Olynthi.3, his post alia verbis initio, Τότε τοίνυν μὲν ἦν Μαιμακτηριών: & paucis interiectis verbis, ἐκ μῆν ταῦτα διηδόντος τῶ ἐνιαυτῶ τούτε, Ἑκατομβαιὼν, Μεταγειτνιὼν, Βοηδρομειὼν. τούτε τῶ μηνὸς μόλις μῆν τὰ μυστήρια δέκα ναῦς ἀπεστείλατε ἔχοντα Χαρίδημον κενὰς κỳ πέντε τάλαντα ἀργυρέιε, id est, Tunc igitur mensis erat Mamacterion. Deinde verò eo anno elapso (præteriere) Hecatombæon, Metageitnion, Boedromiõ. Hoc demũ mense vix post initia Cereris Charidemũ decem naues habentem vacuas ablegastis & argenti. V. talenta: quo loco orator Mamacterione nunciatum fuisse dicit Philippum Heræum castrum obsidere, Athenienséesque multis verbis & tumultu facto tandem de-
‘creuisse

creuisse quadraginta triremes producere. post quod decretum mense anni quarto factū annus affectus fuit, & ad finem non solum deductus, sed & præterea de sequente anno & nouo effluxerint Hecatombæon, Metageitnion & Boëdromion tres anni primi meses, priusquam Athenienses quod decreuerant exequerentur: cùm vix post initia Cereris mense Boëdromione Charidemum ablegastis, &c. Sic scilicet socordiam notans Atheniensium, decreta sua in annum proselantium. Meminit & huius Demosthen. suppresso tamen ordinis nomine in oratione de Corona, aliísque locis, maximè cōtra Timocratem his verbis, Ἀλλὰ τῆς ἐκκλησίας, ἐν ᾗ τις νόμοις ἀπεχειροτονήσατε ἕως ἐν δικάτης τε Ἑκατομβαιῶν⊙ μηνὸς, δωδεκάτη τὸν νόμον ἐισήνεγκεν εὐθὺς τῇ υστεραίᾳ, ἃ ταῦτα ὄντων Κρονίων. 1. Sed cùm cōcio qua Leges diiudicauistis vndecimo die Hecatōbæonis celebraretur, postridie statim duodecimo scz. die idq́; Saturnalibus Legem tulit, &c. Meminit etiā & alio loco Theophrast. scribens euenire, vt cùm omnes alia arbores germinationem incæperint, eandem continuēt τὴν πεύκην tamen & ἐλάτην & δρῦν διαλείπειν ὑπὶ τὴν αὔξησιν & ξεῖς ἁρπαγὰς βλάστειν. τὸν μὴν πρῶτον δὲ ἐαρ⊙ εὐθὺς ἱσταμήνου τ̄ Θαργηλιῶν⊙. τὸν δ'

Mysteria die Boëdromius xx. celebrantur Plutarch. in Camillo Phocione.

Interpres p. Idus 1 anni & pridie Idus dixit

Lib. 3. ca. 6

Græce interpres Theophr. Februarium, Martium & Aprilem conuertit.

106 ANNI ATTICI

λοίπον διαλιπούσας περὶ τριάκοντα ἢ μικρῷ
πλείους ἡμέρας ὑπιβάλλεῶς περὶ τὸ Σκιρροφοριῶνα μῆνα λήγοντα. τὴν ἢ τρίτον δὶα λειπτύ-
σας περὶ πεντεκαίδεκα ἡμέρας ὑπιβάλλεῶς,
ἐξ ἧς ἑπτὰ ἡμέρας Ἑκατομβαιῶνος, id est, Pi-
num tamen & Abietem & Robur intermit
tere germinationem, ternáque edere germina. Ac primam germinationem fieri summo
Vere, statim ineunte Thargelione. Secundam intermissis diebus circiter XXX. aut
paulo pluribus circa Scirrophorionem defi-
nentem. Tertiam postea interiecto ferè dierum XV. spatio emittere: sexto nimirum aut
septimo die Hecatombæonis. Ex his verbis
etsi elicere non possis quotus ordine sit Hecatombæon, inde tamen discas hos tres ordine
sese consequi, & Thargelionē præcedere Scirrophorionē, & Scirrophorionē præcedere He
catombæonē. Sanè Plin. hos tres mēses intelligere videtur cùm Aprilem, Maium, Iunium nominat, scribēs pisces plurima sui parte
fœtificare tribus illis mensibus. Nec verò
prætereundum est quòd hic locus vehemēter
torsit Gazam, qui in libello de mensibus Atti
cis dissentaneum hoc esse scribit quod Theophrastus ait, ἄκρι ἔαρος εὐθὺς ἰσομύουν τοῦ
Θαργηλιῶνος, id est, summo seu ultimo Vere
(ἄκρι γὰρ ἀντὶ τοῦ ἐσχάτου .i. summum pro ultimo

Lib. 9. c. 51.

Titulo de interp. sum.

mo accipit, quantũ ex sequentibus illius verbis colligere licet) Si enim, inquit, Thargelio est summum Ver, Solstitialis haudquaquam esse queat Hecatombæon, cùm scilicet Scirrophorion inter hunc & illum intercedat, & multò minùs Vernus & AEquinoctialis Munichion. Et certè res dubitatione carere non videtur: quo factum vt aliquãdo crediderim coniunctionem disiunctiuam ἢ, id est, vel, esse interponendam & apud Theoph. legi oportere, ἄκρῳ ἔαρῳ ἢ ἐνδὺς ἰσαμερίας, &c. id est, summo Vere aut instante statim Thargelione. Nam sic sensum constare & quadrare rationem existimabam: quanquam an ita legendum esset, ne audaculus in iudicando & temerarius in emendando viderer, doctis æstimandum relinquebam. tandiu volens in mea opinione prestare, dũ quid quis melius. Sed & dum ipse quoque hic hæreo, ac interim Plinium consulo, comperi ipsum hac ipsa de re in hæc verba loqui, Et reliquæ quidem arbores, inquit, vt primùm cœpere, continuant germinationem: Robur & Abies & Larix intermittũt tripartitò, ac terna germina edũt: Paulò pòst, Est aũt primã earũ incipiẽte Vere circiter dies XV, iterũ germinãt trãseunte Geminos Sole: & vna linea interposita, Tertia est earundem ad Solstitium, breuissima nec diutius septenis diebus. Hactenus

Lib. 17. ca 25.

*Plin. qui Theophrasti dictionem quodam-
modo videtur explicare. Nā quod Theoph.
de iisdem arboribus loquens dicit,* ἄκρου ἔαρος
εὐθὺς ἵστα. τ̃ Θαρ. *Plin. interpretari videtur
cùm dicit, Incipiente Vere circiter dies* XV.
quod ego interpretor diebus circiter x v. *à
Veris initio. Tum quod Theophrastus etiā ha
bet* περὶ τὸν Σκιρροφοριῶνα λήγοντα, *Plin. hic
dicit, Trāseunte Geminos Sole. Nimirū Scirrophorion Maio vt plurimū respondet. Denique quod ab eodem Theophr. dicitur,* διαλει-
πούσας περὶ πεντεκαίδεκα ἡμε. ὁπιβαλ. ἐξ ἧ
ἐπτὰ ἡμε. Ἑκατομβ. *&c. Plinius item interpretari videtur cùm dicit, Tertia est earundem (germinatio) ad Solstitium, breuißima
nec diutius septenis diebus. Nempe Solstitiū
vt plurimum Hecatombaeonᴈ contingit, &
octēnii initio Solstitialis semper est. Sed nec
ex hac interpretationeᴈ soluitur nodus abs
Gaza propositus, quomodo scilicet Thargelione mense summum Ver. 1. extremum (hac e-
nim significatione vt præmonui Gaza* ἄκρον
*vsurpat) contingere possit: cùm Scirrophorion
mensium Vernalium tertius sit & vltimus,
& quo tandē* ἄκρον ἔαρ. 1. *summum & vltimum Ver sit. Sanè cùm & hîc nihilominus
etiam hærerem, rem ad amicos detuli, & inter alios D. Riuanum verbi Dei Ministrum*

Poly-

Polyhistora & trium Linguarum præcipuarum cognitione dotatum, Lugduno huc ad nos ob pestis sæuitiam confugere coactum, cōsului: qui vt nodum solueret re perpensa censuit pro ἰθὺς ἴσως. 1. propè apud Theophr. esse legendum, quippe ab hac dictione in illam facilem lapsum esse propter literarum affinitatem. In quam opinionem contra vt ne irē faciebat Gazā, quem, vt qui Græcus natione eßet, & magnorum virorum opibus sustenta tus, optimis & emendatiss. codicibus vsum fuisse vērisimile esse iudicabam. & qui ἰθὺς non ἴσως legisset. Hoc igitur auctore lectionē receptam immutare mihi fuit religio. Iam quod idē Rinanus illud ἐκφύεται ad multum Ver interpretatur, hoc sensit, Prima germinatio Abietis Pinus & Roboris fit ad multum Ver. 1. Vere multùm iam promoto, nempe circa instantem Thargelionem, quo mense Ver multum est seu ad medium iam procesʃsit, (Vernales enim menses sunt Munichion, Thargelion, Scirrophorion) id quidem facit vt sensus conueniret, neque ita à sentētia aut Theophrasti aut Aristotelis alienus esse videatur. Sed in ea persliti opinione, vt Theophrasti verba haudquaquam mutata ita interpretenda censerem, Prima germinatio Abietis fit primo Vere circa instantem Tharge-

lionem. Nam ἄκρον ἔαρ mihi non vltimum,
vt Theod. Gaza vult, sed primũ Ver, seu vt
Græcè dicã, τὴν ἀρχὴν τῆς ἔαρος significat. vt apud
Hippocratem Aphor. 18, Comment. 3. qui sic
habet, κỳ ἢ τὰς ὥρας, τῷ μὲν ἦρος ἃ ἄκρου τῷ θέρεος οἱ παῖδες καὶ οἱ τουτέων ἐχόμενοι, &c. i.
Quod ad tempora verò pertinet, Vere & pri
ma æstate pueri & hu ætate proximi optimè
degunt. In quem locum Gal. hac habet, πρό-
σθεν μὲν ἢ τῷ ἦρι τὴν ἀρχὴν τῆς θέρεος ὁ Ἱπο-
κράτης ἐς πλάτος ἐκτείνων τὴν χρείαν ἱκάσω
τῇ διωρημάτων ἀκριβέστερον δ' ἂν ἡπεῖν, τὰ
μὲν μειράκια τῷ ἦρος, τοὺς ἢ παῖδας ἐν ἀρχῇ τῆς
θέρεος ἄρισα διάγειν, i. Adiunxit autem
Hippocrates Veri æstatis initium, latius v-
niuscuiusque extendens theorematis vsum:
Exactius autem & apertius dicere poterat,
Adolescentes Vere, pueri æstatis principio optimè degũt. Hac auctoritate liquere arbitror
ἄκρον, τὴν ἀρχὴν etiam significare: quo sensu
appositißimè & pulcherrimè dictũ sit à Theophrasto primam germinationem Abietis, Ro
boris & Lar. fieri primo Vere statim ineunte
Thargelione. Nam cùm mẽses Vernales tres
sint, Munichiõ, Thargelion & Scirrophoriõ,
ac totus, verbi gratia, Munichion sit summũ
.i, primum Ver (sic. n. ἄκρον interpretor) totus
Thargelion, secundũ & mediũ: totus Scirro-
phorien,

phorion, vltimum: non ita tamen exactè toti
& integri menses sunt primum, medium &
vltimum Ver, vt non initia mensium cum sine præcedentium symbolisent & illis etiam at
tribuantur. Nam quemadmodum in ætatib.
contingit, vt scilicet constantis seu inclinan- *Gal. 1 sa-*
tis ætatis pars extrema senectus etiam appel- *tuen.*
letur, etsi reuera non sit: ita & fines mensium
interdum principiorum, & cōtrà principia fi-
nium nomen accipiūt. nihil ergo absurdi scripsit Theophr. cùm inquit τλω πύκλω κỳ Ε᾽-
λάτλω κỳ δρῦν τρεῖς ἀφῆναι βλάςτις, τὸν μὴν
ϖεφπνάκραὔτρϘ δυθὺς ἰσαμῦ τ̃ Θαργη-
λιῶνϘ. qua tamen dictio Gazam valde tor
sit, qui hic hærens scripsit tandem vetustissi-
mos homines illos nulla ratione nullóq, ordine mēsibus esse vsos & alios aliter annū esse
partitos. Verū. n. intelligere licet Attici annī
principiū, seu si vis primū diē Hecatōbæonis
primi illorū mēsis, nō stato semper die, sed ne
mēse quidē occurrere. sed pro aliis atq, aliū o
ctēnii annis anticipare & in anteriora progre
di per x 1. quotannis dierū spatiū. Sit, exēplī
gratia, mihi in animo Ephemer. Atticā, vulgo Almanach dicunt, cōstruere in annos 8.
Nā apud Atticos annus perfect⁹ esse ante de-
cursos tot annos nō poterat, cùm nō nisi reuo-
lutis 8 annis intercalarēt. Primū quarā an-

num aliquē Latinū qui proximus sit à Bissex
tili. Sit autem pro exēplo annus M.D.L VII.
Nā præcedens annus M. D L V I, Bissextilis
fuit. Sint ergo anni 8. M.D.LVII, M.D. LVIII,
M.D. L IX, LX, LXI, LXII, LXIII. & M.D.LIIII
primi anni huius octennii, scz. M. D L .VII,
primam nouam Lunam vestigabo, quæ prima post Solstitium occurrat. Nam ab ea prima Luna noua Attici annum suum auspica-
tur. Eo verò anno prædicto nouata Luna con
perietur die Iunii X X V I I. Sic ergo conferam
dies inter se,

		Ἑκατομβαιών.
M. D.	XXVII. *Iunÿ*	1
LVII.	XXVIII.	2
	XXIX.	3
	XXX.	4
	I. *Iulÿ*	5
	II.	6
	III.	7

Hoc ordine & hac via pergere, si voles,
poteris dum ad anni finem deuenias, singulis mensibus, qui duodecim sunt, assignando
paribus quidem dies XXIX, imparibus verò
dies XXX. & tandem comperies ultimū huius primi anni diem in Iunii XV. recidere, &
in

in summa annum habere tantùm dies 354,
dies vndecim minùs quàm annus Solaris
habeat. Tot autem dies intercedere inter primum diem huius anni, id est, Iunii vicesimũ
septimum, & anni totius vltimum, id est, decimum quintum eiusdẽ Iunii coperies. Iam
quod ad principii reliquorum annorum octennii vestigationem attinet, non est quòd
ad nouilunium quod primum post Solstitium
occurrat, confugias (nam id tantùm in primo anno octennii est vestigandum) sed pro
primo die anni reliquorum annorum septem
octennii sumes, eum numerum qui ordine sequatur anni præcedentis vltimum.
Sic hac ratione quia vltimus dies primi anni octenii recidit in Iunii XV. vt dixi, à XVI.
die eiusdem Iunii secundus annus incipiet,
qui & ipse terminabitur Iunii quarta, &
quinta Iunii annum tertium incipiet. Tertii
verò anni dies vltimus incidet in XXIII.
Maii, & quartus annus incipiet à XXIIII. eiusdem Maii. Iam quarti anni vltimus dies
incidet in duodecimum Maii: Itáque quinti
anni primus dies erit XIII. Maii. quinti anni
dies vltimus, in primum Maii incurret. Sexti anni primus dies à secundo eiusdem initiũ
sumet, & desinet in XX. Aprilis. Septimus annus à XXI. eiusdem sumet initium, & termi-

H.

ANNI ATTICI

nabitur octauo Aprilis. Vnde nonus Aprilis initium dabit anno octauo & vltimo octennii, qui & ipse terminabitur XXVIII. Martii. Sic totum hic tibi octennium renolutũ est. Vides aũt ab hac XXVIII, Martij ad XXVII, Iunij, vnde primum octennÿ annum auspicatus sum, dies nonaginta deficere, eóq; addẽ dos esse vt annus ad sua redeat principia & in se sua per vestigia voluatur. quod vt fieret Attici hic nonaginta illos deficientes dies in tres menses distribuebãt, qui singuli dies 30. capiebant & sic intercalabant. Nec vero vlli mensi, tres illi menses attribuebantur, sed nomine destituebantur nisi quòd primus mensis secundus, tertius mensis mensis Embolimus dicebatur: Latinis intercalarius. Conflatur autem menses hi Embolimi, ex diebus vndecim singulorum annorum octennÿ quibus octo anni Solares Lunares superant. Græci.n.tantum dierum sine vllo mẽsis nomine patiebantur absumi quantum ad id anni tẽpus adduceret quo cæli habitus instanti mensi aptus inueniretur. quod etiam Romulum fecisse testatur Macr.lib.1.Saturn. cap. 13. circa finem: sed de hoc paulò pòst in anni. Romani ratione. Additis ergo hic ad finem scilicet octennÿ diebus nonaginta distributis in tres menses æqualiter, annus
redibit

redibit ad sua principia nullo die, aut deficiente, aut superabundante. Ac si aliud octennium construere voles, modo antè dicto procedes: Venabere, dico pro primo tantùm anno primam nouam Lunam quæ prima post Solstitium seu post XII. Iunij contingat, & ab ea primum diem anni Attici auspicabere. reliquos annos continuata numerorum anni præcedentis cum sequenti serie subnectens, vt modò dictum est.

Iam quia ita vagum est anni Attici principium vt nonnunquam ex Iunio in Aprilem retrolabatur defectu intercalationis, quæ non nisi octauo quoque anno apud illos sit, quoties auctores aliquid de flore & germinatione plantarum, de satu, sementi & messe, & cæteris eiusmodi quæ stato semper tempore fieri habeant, scribunt: ea referenda sunt ad tres potissimum annos primos octennij, ne quid dissentaneum scribere videantur. Sed ad Hecatombæonem reuertor. cuius meminit Plutarchus in Camillo, Bœoti, inquit, quinto die eius mensis: qui ipsis hippodromius est, Hecatombæon Atheniensibus duas præclarissimas victorias parauerunt: vnam in Leuctris, alteram ad Geræstum. Et in Theseo, Etenim venit, inquit, (Theseus) Athe-

H.ij.

nas octauo die eius mensis qui Græcis Hecatombæon antè Κρόνιῷ .i, Saturnius dictus fuit: & ibidem, Metœcia quoque sacrũ à mutatis sedibus ciuium dictum, x v 1. die Hecatombæonis fecit. Et in vita Alexandri magni Hecatombæonem à Macedonibus Loon vocari tradit. Cælius Rhodig. lib. 10. cap. 6. Hecatombæonem Aprili respondere scripsit: quod vltimis tantùm annis octennii fieri cõstructa octenali Ephemeride ipse deprehẽdere poteris: anno verò post intercalationem ad sua principia regresso, Hecatombæo in Iuniũ redit. Est .n. Hecatõbæon Solstitialis mensis.

2 ΜΕΤΑΓΕΙΤΝΙΟΝ.

Metageitnionem secundum esse anni Attici mensem & Hecatombæoni in ordine succedere illis ipsis auctoribus quibus Hecatombæonem primum esse probauimus, etiam hic probare possumus. Primùm Aristoteles de Lo-custis scribens inquit, Inter ea quæ crusta integuntur, oua quæ Locustæ coitu conceperũt, tribus vtero mẽsibus gerunt, Scirrophorione, Hecatõbæone, Metageitnione. Et Theoph. de semẽte quæ fit diuersis temporibus sic scribit, Ἐπεὶ ἤγε ἀπορὰ χεδὸν ἐν τοῖς ἐναντίοις γίνεται. Χειμερινὴ γδ ἀρχὴ μ⁴ ῥοπὰς θερινὰς τῆ Μεταγειτνιῶνο μίωὸς. καλᾶσι ἢ τινὲν πρῶτον τῷ ἀρότῃ. τῇ ἢ δευτέρᾳ πάλιν μ⁴ Ἡλίυ ῥοπὰς χειμερινὰς

Lib. 5. de nat. Ani: cap. 17.

Lib. 7. c. 1.

χειμεριναὶ τῦ Γαμηλιῶν⊕ μίωὸς, id est, Siquidem satus sit contrariis ferè temporibus. Principium enim hyberni, quam primam sementem appellant, post æstinum Solstitiū est mense Metageitnione. At rursum secundi, mense Gamelione post Solstitium hybernum. Demosthenes etiam loco supra ex Olynthiaca 3. citato, Metageitnionem secundum ab Hecatombæone nominat. vt his auctoribus facilè liceat intelligere hanc secundum in ordine mensium Atticorum locum tenere: cuius etiam meminit Plutarchus in Camillo, Cõtrà, inquit, Metageitnion quem Panemum Bœoti dicunt, Græcis inauspicatus fuit. eius enim die 7. pugna ab Antipatro victi in Cranone protinus perierunt: Et in Nicia, Fuit is dies (quo Nicias captus est) 24. Carnÿ mensis, quem Metageitnionem Athenienses cognominant. Et in Publicola scribit Capitolium dedicatū esse εἴδοις Σεπτεμβρίας, ὅτε συντυγχάνει περὶ τὴν πανσέληνος μάλιστα Μεταγειτνιῶν⊕: vt velit Idus Septembres cum plenilunio Metageitnionis concurrere. credã tamen pro Metageitnionos, Maimacterionos esse legendum. Nam Maimacterion propius ad Septembrem accedit.

3 Boedromion.

Quod Bœdromion tertius sit mensis apud

H. iii.

118   ANNI ATTICI

*Atticos, liquere arbitror ex iis quæ ex Aristo
tele antè in Metageitnione de Locustarum
partu citauimus.* Nam postquam dixit illas
tribus mensibus Scirrophorione: Hecatōbæone & Metageitnione uterum ferre, subdit
sub Arcturum eas oua excludere, Περὶ Ἀρϰτοῦ-
ρον ἐκτίκτϟ: & ab Arcturo absol-
uere. Arcturum autem circa Boëdromionem
oriri ex eo patet quod idem ipse Aristoteles
scribit, Ceruas suliri ab Arcturo mense Boëdromione. Et Theophrastus(vt & antè in
Hecatombæone diximus) tibialem calamum
ante Antigenidem tempestiuè cadi solitum
esse scribit sub Arcturo mense Boëdromione:
Liquet etiam ex loco ibidem citato ex Olynthiaca 3, Demosth. quo loco orator tres hos
menses ordine nominat Hecatombæonē Me-
tageitnionē & Boedromionē. Plutarchus in
Camillo, Neq, sum nescius, inquit, circa tēpus
id quo Mysteria Athenis celebrãtur, Thebas
ab Alex. dirutas, & Athenienses præsidiũ Ma
cedonũ accepisse circiter X X. Boedromionis.
Et paulo post, Rursus Persæ mēsis Boedromio
nis die 6. in Marath. fœliciter pugnarunt. Et
Luna tum defecit mense Boëdromione. Et
in Theseo rationem nominis reddit, loquens
de Thesei cum Amazonibus pugna, Pugna-
tum est, inquit, mēse Boëdromione: cuius pugna

*Lib.5.c.17
de nat. A-
nimal.*

*De nat. A-
nim. c. 29.
libri. 6.*

*In Alexan-
dro.*

gnæ causa in hunc usque diem Athenienses
sacra Boedromia peragunt, mensíq, inde nomen est Boedromiõ. Vocabuli origo à clamo-
re sublato cũ ad auxilia accurreretur. Memi
nit & huius passim Demosthenes, maximè
in oratione de Corona, in epistola Philippi, ut
videre est antè in Panemo mense IIII, Macedonico. Plut.in Demetrio, Ἀλλὰ τὰ μικρὰ
Μυστήρια τ̃ Ἀνθεστηριῶν ἐτελοῦντο τὰ ῃ μεγά
λα τ̃ Βοηδρομιῶν, i, Parua, inquit, Mysteria, Anthesterione: magna, Boedromione ce-
lebrabãtur. Gal. l. 4. de sanit.tuẽd. dicit, Ma-
turrimũ, inquit, est abietis semẽ circa Arcturi
ortum, &c. vide quæ antè diximus in Hyper
bereteo, in mensibus Macedonicis.

4 MAIMACTERION.

Quod etiam Maimacterion Boëdromionẽ
sequatur liquet ex præcitato. Arist.loco de cer- Cap.19.li.
uorũ coitu cùm inquit, Ἡ ῃ ὀχεία γίνεται μετ' 6.de nat.
Ἀρκτοῦρον περὶ τ̃ Βοηδρομιῶνα & Μαιμακτη- Anim.
ρῶνα. Coitus verò, inquit, fit post Arcturum cir
ca Boedromionem & Maimacter: Interpres
Augustũ & Septembrẽ cõuertit: Idẽ scribens Lib.8.cap
Animalia imbecilliora migrare prius in cam 12.de nat.
pos ad temporum vicißitudines, ait Cothur- Anim.
nices discedere Boedromione, Grues, Mai-
mact. Et certè Grues mẽse uno post Cothur. ex
frigidis locis ad tepidos & apricos discedere

H. iiii

conspicimus. Idem etiam auctor Stellarem è Mustellorum genere coitum inire dicit Maimacterione & bis mense partum edere: quod contingere ab AEquinoctio Autumnali piscatores Tarentini asseuerant. quod & rationi consentaneum videatur, cùm pauci pisces, vt idê auctor est, Autumno pariant. Quòd si Stellaris Aristoteli Maimacterione parit, piscatoribus Tarêtinis AEquinoctio: certè AEquinoctium Autumnale Maimacterione contingere videatur. Astipulatur & ratio: Nam cum annus mêsibus duodecim côstet & integretur: quatuor aũt sint temporum vicissitudines, Solstitia duo & totidem AEquinoctia: fit vt quatuor in duodecim diuisa, tria dent: vnde colligere licet singulas illas quatuor temporum vicissitudines tertio quoque mense contingere. Si quis ergo scierit Solstitium æstiuum Hecatombæone contingere: certè & is quoque sciet AEquinoctium Autumni, tertio similiter pòst mense: vt & ab hoc etiam AEquinoctio Autumni, tertio mense pòst, Solstitium Hyemale seu Brumam, & post Brumam item tribus mensibus pòst, AEquinoctium Vernum contingere. quod & antè ex Galeno docui in Artemisio in anni Macedonici tractatione. Quod autem ad Arcturum attinet quem Aristoteles & Theophi.

Lib. 6. ca. 11. de nat. Animal.

loc'

locis ante in Boedromione citatis ipso Boedromione oriri scribunt: & confirmat post ipsos Theod. Gaza in mensibus Atticis, titulo, Quòd principiũ anni Attici sit Hecatombaõ: Id quidem verum esse deprehendatur in duobus aut tribus primis octennii annis: non item in vltimis quibus longiùs ab intercalatione absceditur. vt verum sit quòd antè monui, Dicta Auctorum ad tres ferè primos octennii annos esse reuocanda, quò nihil dissentaneum dicere videantur. Caterum Columella notat Arcturũ oriri XVII, Calend. Septembris: quod est (vt Astrologi notant) 28 gradu Virginis, minuto 29. & Sol XV, Augusti in Virginem transitum facit. Arcturus tamen Constantino Cæsari oritur XV, die Septembris. Sic Romanis Arcturi ortus certus est quod ad mensem attinet: diebus pluribus, paucioribus. Sed apud eas gentes quæ menses in duas partes inæquales secant, & alterum mensem dierum triginta, alterum viginti nouem efficiunt, dies, imò ne menses quidem definiri possunt quibus aut Æquinoctia aut Solstitia aut illustrium syderum exortus fiant. Quemadmodum apud eos fieri potest, qui menses pro ratione Solis numerant. vt & antè ex Galeno docuimus in anni Hebræi præfatione. Cæterum Demosthenes

Columella lib. 11. c. 2.

etiam Maimacterionis meminit multis in locis, quos ego in Hecatombæone citaui. Meminit & Plutarchus hu verbis. Οἱ Πλαταιεῖς ὑπεδέξαντο τοῖς πεσοῦσι ᾗ κε. μῄλεις αὐτῶν τ᾽ Ἑλλήνων, ἐναγίζειν καθ᾽ ἕκαστον ἐνιαυτὸν καὶ τοῦτο μέχρι νῦν δρῶσι τοῦ Μαιμακτηριῶνος μληνὸς, ὅς ἐςὶ παρὰ Βοιωτοῖς Ἀλαλκομενίος τῇ ἕκτη ὑπὶ δέκα. i, Plateenses se parentaturos receperant singulis annis Græcis illis qui cecidissent & occubuissent illic:(in expeditione contra Persas) id quod & in hunc vsque diem faciūt die decima sexta Maimacterionis, qui Bœotis Alalcomenios dicitur. Hunc mensem nonnulli à Mamacta.i. Ioue, cui eo mense sacrificabatur, dictum volunt.

§ PYANEPSION.

Quotus ordine Pyanepsion sit, constare arbitror ex eo quod Plutarchus scribit in Theseo post alia, Συγκομιζομένης ὀπώρας Πυανεψιῶνος ὀγδόη ἱσταμένου. i, dum vindemia comportatur octauo die Pyanepsionis incipientis. Gaza lib. de mensibus scribit hunc videri cōtinere Æquinoctium Autumni potiùs quā Maimacterionē. Ex quibus apparet hūc ordine sequi Maimacterionem, ut antè in Hecatombæone diximus. Vtrique verò mensi pro alio atque alio octennii anno Æquinoctium Autumni conuenire & vindemiam compor-

RATIO. 123

comportari soleve, potissimum Pyanepsione verum esse deprehenditur. Plutar. in Iside de eo scribit, & cum Athyr mense Aegyptio confert, vt antè eo loco docui. In Theseo Plut. sic, Sepulto patre Theseus votum repræsentauit Apollini septima die mensis Pyanepsionis, qua die in vrbem redierat. Quòd autem coquuntur legumina (hæc πύανα Græci dicũt, vnde mensi nomen) inde sumptum ferunt, quòd reduces ciborũ quidquid erat reliquũ commiscuerũt: ac in vnam ollam coniectum coxerunt, tum simul epulati sunt. Octauo etiam die huius Pyanepsionis quotannis Pyanepsia celebrabantur Athenis in memoriam fœlicis reditus Thesei, qui interfecto Minotauro in Creta & liberatis à difficili tributo Atheniensibus, ac secum reducens incolumes Atheniensium liberos obsides datos, tali die vrbem ingressus est. Idem Plutarchus in vitis Rhetorum: & in Demosthene his verbis de ipso loquens, Κατέςρεψε τῇ ἕκτῃ ἐπὶ δέκα τῦ Πυανεψιῶνος μηνὸς, ἐν ᾗ τὴν σκυθρωποτάτην Θεσμοφορίων ἡμέραν ἄγουσι ἀπὸ τῇ Θεῷ νηστύουσαι ἡ γυναῖκες: Obiit, inquit, die Pyanepsionis XVI. quo die austeram admodum Thesmophorion diũ mulieres celebrantes apud Deam ieiunant. Theophrastus, Pya- *Theophr.*
nepsione arbutum, κόμαρον Græci dicũt, flore- *lib.3.c.15.*

Ll.é l. 4. c. 3. re scribit, & eodem mense in AEgypto Prunum: quo loco interpres Gaza Iulium connertit. Eius etiam meminit Lucianus in notatione temporis, quo & actionem instituit aduersus τ, vocalibus iudicibus.

6 ANTHESTERION

Anthesterion. Nominis huius mensis notatio quam etymologiam dicunt, multis viris doctis negotium exhibuit. Nam cùm nominis ratio declaret eo mense florum esse priuationem & carētiam (ab ἄνθος, quod florem, & verbo τηρέω, quod priuo significat, quasi floribus orbum dicas) non desunt tamē qui à copia florū sed per antiphrasin, Anthesterionem dictum velint: in queis est è Gracis auctoribus Istrus quidam: scribēte Suida in hunc modum, Ἴστρος δὲ φησὶ κεκλῆδϑ αὐτὸν ὕτω, διὰ τὸ τὰ πλεῖστα τῶ ἐκ γῆς αἰθεῖν τότε: id est, Istrus verò ait hunc (Anthesterionem) sic dictum esse quòd pleraque eorum quæ è terra nascantur tunc floreant. Et Philostratus scribit morem fuisse Atheniensibus pueros trimos floribus coronari mense Anthesterione. Quod dictum torsit Theod. Gazam & alios plerosque: putantes ideo hunc mēsem inter Vernos esse numerandum, quasi etiam media hyems suos flores non habeat. E Latinis in ea opinione est Macrobius, qui scribit

Macr. l.1.
Satur. c. 4.

bit mensem Aprilem, propter eas quas enumerauit causas, merito dici credendum esse, quasi Aperilē: sicut & apud Athenienses, inquit, Anthesterion idem mensis vocatur, ab eo quòd eo tempore cuncta florescant. Hunc insecutus Ioannes Baptista Pius adnotationum posteriorum cap.65, Thargelionem etiā à quibusdam Græcorum Anthesterionem à copia florum qui eo mēse luxuriant, dictum esse adnotauit. Sed illi omnes falsi sunt. nam reuera Anthesterion Pyanepsionem in ordine sequitur, & est sextus, vt videre licet in Pyanepsione. Quod verò Philostratus de floribus memorat, non ita absurdum est, cùm Septembri (cui vt plurimum Anthesterion respondet) multi flores etiam in hortis, vt de repositis interim in tecta aduersus hyemis iniurias taceā, reperiātur. Eiusmodi flores esse possūt, flores rosarū muscatarū, flos calthæ, Leucoi albi, Lutei, Cærulei, flos betonicæ altilis, quē ocellos, quòd scilicet oculis gratus sit, vocamus, & similes: quorum florum pars maior etiā in mediis hortis Bruma media, pars etiam mulierum cura & diligentia in hypogæis asseruata haberi potest. Meminit huius mensis Plutarchus in Sylla, his verbis de Sylla loquens, Captas Athenas à se ipsemet in Commentariis ait Calendis Martiis, qui dies

Locus Plutarch.

inquit, ferè in nouilunium Anthesterionis
mensis incidit. quo loco fortasse Thargelionis
legendum est: & in Arato, vt antè in Dasio
diximus. Demosthenes item in Corona, &
passim. Ptolemeus eum Ianuario confert:
malè Suidas hunc octauum esse scribit, si sa-
nus est apud eum locus. Thucyd.lib.2.histor.
duodecimo die Anthesterionis Dionysia an-
tiquorum Athenis celebrata fuisse scribit: vbi
enumerans templa Athenarum arci propin-
quiora subdit, καὶ τὸ ἐν Λίμναις Διονύσῳ τὰ
ἀρχαιότερα Διονύσια τῇ δωδεκάτῃ ποιεῖται ἐν
μηνὶ Ἀνθεστηριῶνι. Et Suidas in dictione
Choës confirmat: Choës, inquit, festum erat
apud Athenienses celebratu̅ XII. Anthester.
Apollodor⁹ ait Anthesteria generatim vocari
totu̅ festu̅ Dionysio celebratu̅, particulatim ve
rò Pithegia, Choas, & Chytra̅. Quòd autem
hoc mense Mysteria parua celebrarentur, antè
ex Plutarcho ostendimus in Boedromione.

7 POSIDEON.

Posideonem septimum esse ab Hecatombæone, inde liquet quòd eo mense Bruma seu
Solstitium Hyemale contingat. Solstitia aute̅
senis mensibus vt & Æquinoctia inter se
distinguuntur. Liquet & ex Arist. scribente
Lib.3.c.9. hu̅c in modu̅, Ἡ ἢ Θυννὶς ἅπαξ τίκ ἢ. Ἀλλὰ
nat.hist. διὰ τὸ τὰ μὲν περί ἴα τὰ δὲ ὄψα περὶ ἃς, δὶς
δοκεῖ

δοκεῖ τίκτειν. ἔςι δ' ὁ μὲν πρότερ۞ τόκ۞ πι-
εἰ τὸν Ποσιδιῶνα περὶ τὴν ῥοπῶν. ὁ δ' ὕςερ۞
τῦ ἔαρος : quod est, Thynnus semel parit, sed
cùm fœtus alios citiùs alios tardiùs edat, bis
videtur parere. Edit autem priorem partum
ante Brumam circa Posideonem: posteriorem
Vere. Liquet etiam ex eo quod idem auctor
de Mugilibus scribens ait, Ἄρχον]) ἡ τίκτὴν ᷅τ Li. 6.c.17.
κεςρέων οἱ μὲν χέλωνες ϙ Ποσιδεῶνος.i, Parere nat.hist.
verò incipiūt ex Mugilibus labeones mense
Posideone.&c. qu⃛q̃ de his pisciḃ° idē auctor Lib. 5.c.11.
aliter scribat cùm dicit Thynnū parere æsta-
te mense Iunio circa Solstitium, granescere
mense Decembri, id est, Hecatōbæone & Po
sideone. Quin & Alcyon quæ Aristoteli Lib. 5.c.8.
circa Brumam parit Posideonis auis, quasi
Decembriam dicas, à quodam dicta est quod
eo mense pariat. Huc accedit quòd Plutarch.
in Cæsare hæc habet, Cæsar sexcentis deletis
Equitibus & quinque Legionibus circa
Brumam atque Ianuarÿ initium (quem
mensem Athenienses videntur Posideonem appellare) mari se commisit,&c. Ex
quibus omnibus auctoritatibus apparet Posideonē Solstitialē esse & septimū in ordine
mensiū Atticorū locū tenere. Suidas, Ποσιδ-
ὼν, inquit, μὴν παρὰ Ἀθηναίοις οὕτω καλέ-
μενος, ὁ Δεκέμβερ &.i, Posideon mensis est

Atheniensibus ita dictus, December.

8 GAMELION.

Quòd Gamelion Posideonē ordine sequatur, ac proinde octauum in ordine mensium
Att. locum occupet, liquere satis arbitror ex
iis quæ antè ex Theophr. in Metageitnione
diximus, docentes secundam sementē mense
Gamelione post Solstitiū hybernum fieri solere. Inde enim constat Gamelionem primum
esse à Bruma seu hyemali Solstitio mensem.
Hunc Leneonem nonnulli ab Hesiodo dictū
notant. Gamelionis meminit Aristot. primo metheor. cap.6: cùm scribit, Apud Athenienses Eucle Molonis filio Archonte or-
tam esse crinitam stellam mense Gamelione cum Sol in Bruma Solstitio esset: interpres alius Octobrem non satis aptè conuertit,
alius Ianuarium, aptiùs.

9 ELAPHEBOLION.

Iam verò quòd Elaphebolion sequatur
Gamelionem, sitq́; Elaphebolion inquam
nouißimus & vltimus mensium hyema-
Lib.5.hist. lium, liquere arbitror ex eo quod, Thucydides loquens de concionibus pacis initæ
inter Athenienses & Lacedemonios in annos quinquaginta, scripsit, Pacem factā fuisse Lacedemone Archonte Plistola E-
phoro diebus 4, ante finem Artemisii: A-
thenis

thenis Alcæo Archonte sexto die Elaphebolionis desinētis σπονδὰς γμέᾳς φησιν, ὅτι ἄρχοντ۞ Ἀθήνησιν Ἀλκαίω Ἐλαφηβολιῶν۞ μίωὸς ἕκτη φθίνοντ۞. Ea ipsa fœdera inita esse, πιλδτῶτος τῦ χιμῶν۞ ἅμα ἦϱι γμέϑᾳ.i, sub hyemis finem & Vere ineunte. quod & ipse etiam auctor dixit de pace inter eosdem inita anno belli octauo, nempe πιτεάδι ὅτι Νικα τῦ Ἐλαφηβολιῶν۞ μίωὶς ὁμολογεῖᾳς .i, decimo quarto Elaphebolionis confirmatā fuisse. hoc tamē loco neq̃, hyemen neq̃, Ver nominat vt in superiore exēplo. quā quam id habet Gaza emendatiore fortè codice vsus quā vsi sint Claudius Episcopus Massiliensis pòst Thurinorū Archiepiscopus, Gallicus Thucydid. interpres & Frāciscus Strozza Florētinus interpres Italicus, cum quibus hæc loca contuli. Sed & Elaphebolionem esse nouissimum hyemalium mensem testatur etiam Aristot. dum scribit, vrsam mense Elaphebolione coire ac vterum diebus xxx. ferre: parere verò eo tempore quo latet. Ὅται δ᾽ ἐκθρέψη ζωπ̣ὶ μίωῖ ἐκβαίνουσιν ἤδη τῷ ἔαρ۞ .cū verò prolem enutrierit, sertio demum mense Veris exire. quod & idem repetit lib.8.c.17, Parit, inquit, etiam fœmina (vrsa) eo tēpore (quo latet) & tandiu latet quoad tempus sit vt suos catulos in apertum producat: quod

Li.4. hist.

Lib.6.ca. 10.

I.

Verno tempore mense à Bruma tertio, facit.
Ex his apparet Elaphebolionem tertium &
vltimum esse hyemalium mensiũ: cùm vrsa
dũ latet pariat. Latere autẽ ipsam certum est
hyeme: sicut & pleraque terrestria quæ propter frigus solent delitescere. Elaphebolionis
meminit etiam Demosthenes in oratione de
Corona. Vide quæ antè in Artemisio secundo mense Macedonico diximus: & item quæ
in Hecatombæone. AEschines in oratione κ
Κατησιφῶντος dicit Demostenem tempora ciuitatis suffurantem decretum scripsisse vt prytaneis concionem conuocarent octaua incipientis Elaphebolionis mensis, cùm sacra fierent AEsculapio.

10 MVNICHION.

Munichionem Elaphebolioni succedere,
ipsoque AEquinoctium Vernum contingere
ex iis quæ Theophrastus locis supracitatus de
Lib. 7. c. 1. semẽte dixit cuiuis patere potest. Nam sic de
tertia semente loquens scribit, Ἀρχὴ τῦ ζίτου
ἀρότῦ ἀπὸ Ἰσημερίας, ἐκρινῆς ὂν κα λῦσι θερινόν,
ὅθι Μουνιχιῶνος. i, principium tertii satus ab
AEquinoctio Verno, quem AEstiuum vocant, Munichione contingit. Idem confirmat
Cap. 11. l. 5. Aristoteles dum scribit plurimos pisces circa AEquinoctium parere ac plurima parte
tribus his mensibus Munichione, Thargelio,
ne

ne, Scirrophorione. Interpres Martio, Aprili, Maio couertit, sicuti & Plin. Et verò Demost. $^{Lib.9.c.51}$ & si non expreßè tacitè tamen innuit Munichionem Elaphebolioni succedere, cùm in oratione de ementita legatione ait, Ἡ μὲν τοίνυν εἰρήνη Ἐλαφηβολιῶνος ἕκτῃ ἐπὶ δέκα ἐγένετο. Ἀπεδημήσαμεν δ' ἡμεῖς ἐπὶ τοὺς ὅρκους τρεῖς ὅλους μῆνας. & τὰ τέων ἅπαντα τ̀ χρόνον ἦσαν οἱ Φωκᾶς σῶοι: ἥκομεν δ' ἀπὸ τ̀ πρεσβείας τ̀ ἐπὶ τοὺς ὅρκους τρίτῃ ἐπὶ δέκα Σκιρροφοριῶνος. i, Pax Elaphebolionis 16. die facta est: porrò nos ad iusiurādum recipiendum tres integros menses abfuimus. Idque totum tempus salui fuerunt Phocenses: rediimus verò ab ea legatione nobis ad iusiurandum recipiendum imposita, XIII. die Scirrophorionis: mensem scilicet Munichionem, vt de Thargelione taceam, tacitè inter Elaphebolionem & Scirrophorionem intercedere innues. Aeschines etiam in defensione falsæ legationis satis ostendit Munichionem Elaphebolioni succedere: Nã cùm dixisset epistolam scriptam esse à Charete sexta Elaphebolionis desinentis, subintulit, Auditis, inquit, rogationem in populo scitam fuisse die tertio Munichionis instantis. Ἀκέτε ὅτι Μουνιχῶνος ἐψηφίσθη τρίτῃ ἱσταμένου, & cætera. His auctoribus apparet Munichionem in ordine Elaphebolioni

I. ii.

succedere. Varinus, Μυνιχιὼν ὁ δέκατος μὴν παρ᾽ Ἀθηναίοις. i, *Munichion decimus mensis apud Athenienses. Idem habet Suidas: apud quem tamen malè legitur* δύπερος *pro* δέκατος. *Hoc verò mense Panathenea celebrabantur.*

II THARGELION.

DE *ordine Thargelionis nemo dubitauerit qui ea quæ mox in Munichione diximus meminerit. Tres enim mēses Vernos enumerat Arist. quibus pisces vt plurimum pariāt, Munichionem, Thargelionem, Scirrophorionem. Et alibi scribit bobus initium coitus esse Thargelione & Scirrophorione plurimus. Ceruos præterea cornua amittere mense Thargel. Id verò mense Veris secūdo euenire conspicimus.* Plutarchus *in Sympofiacis,* Ἕκτῃ Θαργηλιῶνος ἱσταμένου τὴν Σωκράτους ἀγάγοντες γενέθλιον τῇ ἑβδόμῃ τὴν Πλάτωνος ἄγομῆμ. i, *Sexta Thargelionis incipientis Socratis natales celebrantes, septima Platonis etiam natales celebramus: quod & notat* Diogenes Laer. *libro tertio, initio in Platone. Et lib.2. in Socratis vita circa finem scribit Socratem natum anno 4. Olympiadis 77. Thargelionis mensis sexto die: quo die lustrant, inquit, Athenienses ciuitatem.* Plutarchus *in Camillo hunc mensem inter nefastos nume-*

Cap. 11. li. 5. hist. Ani.
Cap. 21. li. 6. hist.
Lib. 9. c. 9.

rat

rat:Etiam Thargelion,inquit,apertè infœlix Barbarus fuit. eo enim mense Alexander ad Granicum regis duces superauit,eiusque mē-sis XXVII, Chartaginenses à Timoleonte apud Siciliam victi sunt. Circa eundémque diem Troia capta censetur, vt est ab Ephoro, Calisthene, Damaste & Plytarcho traditum. Et Dion. Halicar.scribit Troiam captā fuisse sub finē Veris diebus 17. ante Solstitiū æstiuū XXIII, die mensis Thargelionis, vt quidem Athenienses solent supputare. Τὸ Ἴλιον, inquit, ἥλω τελδυτῶντος τῦ ἔαρος ὀγδόῃ φθίνοντος Θαργηλιῶνος ἑπτακαίδεκα περὶ τροπὴν ἡμέραις τ͂ θερινῆς τροπῆς. Sanè hoc in loco credam hoc nomen mensis supposititium esse & pro Θαργηλιῶνος reponendum Σκιρροφοριῶνος. Nam cùm Scirrophorion inter Thargelionem & Hecatombæonem medius intercedat, Hecatombæone autem ferè semper Solstitium, Scirrophorione verò nunquam contingat, fit vt Troia Thargelione capi non potuerit, & simul diebus septemdecim ante Solstitium.quod tamen commodè Scirrophorione fieri potest:vt iudicabu, si Ephemeridem, eo quo docui modo, construere voles. Sanè facile est in mensium nominibus hallucinari & nomen vnius pro nomine alterius vsurpare, præsertim auctori res alias agenti, aut a-

I. iii.

liàs properanti: vt etiam scriba in transcribē-
do nihil immutarit, aut verò calchographus
fidelis fuerit. Certè apud Plutarchū mēdum
esse ac Metageitnionem pro Maimacterione positum fuisse antè in Maimacterione o-
stendimus.

12 SCHIRROPHORION.

Schirrophorion vel Scirrophorion, vtroq;
enim modo scriptum reperio, mensis Atticorum est duodecimus & vltimus. docente
Suida, Σκιρῥοφοριών, inquit, μὴν Ἀθηναίων
δωδέκατος. Id verum esse deprehendi potest
ex his quæ antè ex Theophrasti lib. 4. cap. 11.
in Hecatombæone de cæsura tibialis ha-
rūdinis diximus. Ex his enim apparet ipsum
Scirrophorionem Solstitio proximum esse &
Hecatombæonem præcedere. eóque etiam annum terminare: patet etiam nihilominus &
ex his quæ de pinu abiete & robore inter-
mistentibus germinationē ex Theophrasto
etiā antè diximus in ipso Hecatombæone. Liquet etiam ex eo quod antè ex Aristotele de
locustis citauimus: quas tribus his mensibus,
Scirrophorione, Hecatombæone, & Metageit-
mione idem auctor oua coitu concepta vtero
gerere ait. Item & Æschines in oras. contra
Ctesipho. dicit decretum esse die Thargelionis
penultimo

RATIO.

penultimo vt comitia haberētur ineūtis Scirrophorionis secūdo die vel tertio. Sic habet eo loco AEsch. Ἐπὶ γὰρ χαιρώνδȣ ἄρχοντος Θαργηλιῶνος μηνὸς δʹ ἀπιέϱα φθινὖτος, ἐκκλησίας ἔσης ἔγϱαψε ψήφισμα Δημοσθένης ἀγοϱὰν ποιῆσαι τῶν φυλῶν Σκιῤῥοφοριῶνǫ δʹ ἀπιέϱα ἱςαμένȣ ἔξίτη, &c. *Quinetiam & ex Demosth.* κτ᾽ Μ[ε]δίȣ *intelligere licet Scirrophorionem Thargelionem subsequi ex eo quod orator dicat Midiã obseruato arbitrorũ die vltimo, qui vltimo die Thargelionis cōtingeret, aut verò Scirrophorionis, persuasisse Cōsuli vt sententiã de re cōtrouersa ferret, & Stratonem arbitrum loco moueret, ignominiáq̃, notaret, Nempe mensium affinitate & propinquitate (Thargelion enim proximum habet Scirrophorionem) dicere non potuit pro vero orator, orationis cursu abreptus, vtrius mensis vltimo die arbitrium finiretur.*

Hactenus de XII, mensibus
Atticorum.

I.iiii.

Anni Attici ra-
TIO ET EIVSDEM CVM ROMANO collatio.

ATTICI à Meridie primi diei Hecatombæonis annum suum auspicabantur. Hecatombæonem autem à prima Luna noua quæ proximè Solstitium (Id olim vicesimo quinto Iunii, nostris téporibus circa duodecimum eiusdem contingit) sequebatur, inchoare oportet: sicut antè ex Platone comprobauimus. Primus verò annus vnde Græci annos numerare inceperũt, primus est primæ Olympiadis annus, qui fuit ab orbe condito, ex vera doctorũ supputatione, ter millesimus centesimus octogesimus octauus, ante Christum natum annis septingentis septuaginta duobus. Nam Christus natus est anno mundi 3960. anno primo ferè dimidio, id est, Olympiadis 66. anno tertio. Iam si addideris prædictos 772, annos ad annos Christi 1564, & (vt intelligas quotus iste annus Christi 1564, sit annus octennii Attici) totam summam per octo diuiseris, ex diuisa

summa

RATIO. 137

summa nihil restare comperies: vnde colliges annum prædictum M.D. LXIIII. vltimum esse totius octennii annum eóque Embolimū. Simili ratione si prædictos illos septingentos septuaginta duos annos ad annum Christi hodiernum M.D.LXX. addideris, consurget summa annorū 2342: quā summā si per octo diuiseris, sex restare comperies: vnde colliges annū præsentē M.D.LXX. 6. anno octēnÿ Attici respōdere. Porrò verò Attici mensibus imparibus dies XXX. paribus, vt dictū est, XXIX attribuebant, ac demum annis octo elapsis tres menses dierum singulos tricenūm interserebāt, tum vt annus ad sua rediret principia, tum ne Solstitia & Æquinoctia retrolaberentur plus iusto in antecedentia. Sciendum verò est fuisse quoque tempus cùm olim Græci tertio quoque anno intercalarent: vt constare potest ex his quæ antè in præfatione anni Ægyptiaci initio ex Herodoto Halicar. citauimus. Ac quanuis Herodotus eo loco numerum dierum mensis intercalarii subticeat, tamē ex eo quod scimus annum Lunarem Solari esse diebus XI. curtiorem, inde facile coniicere est, mensem intercalarium dierum XXXIII. esse oportere, vt annus Lunaris in Solaris rationem reuertatur. Nam ter vndecim XXXIII, pariūt. Et sanè auctor Ar- Libanius.

gumenti orationis Demosthenis in Andro-
tionem satis id explicat his verbis, Ἴςε ὅτι
ἐκ ἐψήφιζον οἱ Ἀθηναῖοι τὰς μῆνας κ[ατὰ] τὸν ἡλιακὸν δρόμον, ὡς ἡμεῖς, ἀλλὰ κ[ατὰ] τὸν Σεληνιακὸν.
κ[ατὰ] γὰρ τὸν ἡλιακὸν ἔχει ὁ ἐνιαυτὸς ἡμέρας τριακοσίας ἑξήκοντα πέντε. ὥςε συμβαίνῃ ἔχειν τὸν
μῆνα ἡμέρας τριάκοντα καὶ τρίτον. Δεκάκις γὰρ
τριάκοντα, τριακόσια: Δὶς τριάκοντα, ἑξήκοντα.
λοιπὰ πέντε. τὸ τρίτον τῆς δωδέκα, τέσσαρα:
λοιπὴ μία. Δωδέκατον ἢ τῆς μιᾶς· δύω ὥραι
ἐςὶν. κ[ατὰ] ἢ τ[ὸν] Σεληνιακὸν δρόμον ὁ ἐνιαυτὸς ἔχ[ει] τριακοσίας πεντήκοντα τέσσαρας. ὥςε συμβαί-
νῃ τ[ὸν] μῆνα ἔχην ἡμέρας εἴκοσιν ἐννέα ἥμισυ. Δεκάκις γὰρ ἥκοσι, διακοσία. Δὶς ἥκοσι τεσσαράκοντα. Δεκάκις ἐννέα, ἐνενήκοντα. Δὶς ἐννέα, δεκαο-
κτώ. ἓν τὸ ἥμισυ τ[ῶν] δώδεκα, ἕξ. ὥςε ὁμοῦ εἰ[ναι] ἡ-
μέρας τριακοσίας πεντήκοντα τέσσαρας. ὑπο-
λείπεται ἢ κ[ατὰ] τ[ὸν] ἡλιακὸν δρόμον ἡμέρας ἕνδε-
κα. ἃς Ἀθηναῖοι κ[ατὰ] τριετίαν συνάγοντες ἐποί-
ουν τὸν Ἐμβόλιμον μῆνα τριάκοντα τριῶν
ἡμερῶν, quæ verba Latinè sic sonant. Scire
licet Athenienses mésium rationem non ex
cursu Solis vt nos, sed ex cursu Lunæ iniuisse.
Nam cursus Solaris habita ratione annus
habet dies trecentos sexaginta quinque: secundum quam rationem mensis habet dies
XXX. & trientem. Decies enim triginta, trecentos pariunt: Bis triginta, sexaginta. Reliqui

Male in impressis cod. legi-tur διλ-ρα.

RATIO. 139

qui sunt quinque. At tertia pars seu triens duodecim, sunt quatuor: Reliquus est dies vnus: duodecima verò pars vnius dies* duæ horæ sunt. Ad cursum verò Lunæ annus habet dies 354: quo fit vt mésis quilibet diebus cõstet XXIX, & semisse. Nam decies viginti, ducétos pariũt: Bis viginti, quadraginta: Decies nouẽ, nonaginta: Bis nouẽ, decẽ & octo. dimidia pars duodecim sunt sex: vt in summa dies sint 354. cursu Solari summa breuiore dieb* 11. quos Athenièses post tertiũ quẽq̃, annũ acerũates mẽsem ex illis Embolimũ dierũ triginta triũ conflabãt. Hac in orationem Demosth. prædictã Libanius. Cæterum menses impares, ut Galenus ait, vulgus πλήρεις, i, Plenos: pares verò κυλλοὺς. i, cauos seu mutilos solet appellare. Quin illi qui pleni dicuntur & tricenarij sunt, à denario dierũ supra viginti, numero, Δεκαεθινοὶ qui vigenuenarij sunt seu κυλλοὶ à noueno dierũ supra XX, numero ἐναθινοὶ nominãtur. Porrò verò de hac triũ mensiũ tricenariorũ in fine cuiusq̃, octẽnii, vt modo dixi, intercalandi ratione Macr. plur. loquitur: cuius verba, quia pòst in anni Rom. tractatione citare & explicare cõstitui, hic ascribere supersedebo. Monebo tamẽ interi Callistũ Niceph. in Eccl. hist. eã etiã ad finẽ cuiusq̃, octẽnii intercalãdi rationẽ appro-

*Malè legitur in impressis duodecima.

Lib.1.cap. 4. de dieb* Decret.

1. Sat.c.15.

Lib.12. ca. 12.

ANNI ATTICI

bare, scribens Lunam per octennium cum Sole conuenire & ambo initium nouum sumere. Octennales item Lunæ cursus nonaginta & nouem mensibus perfici: Diebus autem bis mille nõgentis viginti duobus, quibus etiam Sol octonos absoluat cursus. Ita vt annus quilibet esse censeatur dierum trecentorum sexaginta quinque & quartæ vnius diei partis. Idem testari videtur Plinius qui de astu maris loquens, Per octonos, inquit, quoque annos ad principia motus & paria incrementa centesimo Lunæ renocatur ambitu. quod Plinij dictum de cētesimo cursu incipiente intelligendum venit, & de nonagesimo, vt Nicephorus dixit, desinente. Sanè ab hac intercalandi ratione non admodū diuersa erat Numæ Pompilij ratio, qui vt est apud Liuiū li. 1. primæ decadis ab vr. cond. omnium primũ ad Lunæ cursum in duodecim menses describit annum: quem (quia tricenos dies singulis mensibus Luna non explet, desuntque dies solido anno qui Solstitiali circumagitur orbe) intercalares mensibus interponendo ita dispensauit, vt vicesimo quoque quarto anno ad metam eandem Solis vnde orsi essent, plenis annorum spatiis dies congruerent. Ex his enim verbis alioqui obscuris, intelligere licet Numam Pompilium octauo quoque anno
primum

Dictio Quoque male in impressis codicibus omissa est. Lib. 1. cap. 99. & lib. 18. cap. 25.

RATIO. 141

primum dies nonaginta Græcorum more intercalauisse: Sed quia ipse diem vnum in honorem imparis numeri, superstitione potiùs
Pythagorica quàm vlla Astrologica ratione,
Ianuario (ad cuius dies viginti octo adiecit
vnum diem, vt in totum, teste Macrobio,
diebus XXIX, constaret) addiderat: nec eius
addititii diei tum sibi rationē habendam pu-
tauerat: dies octo ad octennii finem superesse
comperiebantur, quibus octo anni Numæ to
tidem Græcos annos excedebant, eóque numerus atque ordo anni Græci cum Romano
conuenire non poterat. Sed hic error tandem
deprehensus sic est emendatus, vt primo &
secundo octenniis dies quidem nonaginta
intercalarentur: Tertio verò octennio, seu si
vis, vicesimo quoque quarto anno sexaginta
sex tātùm, ac non nonaginta intercalarētur:
seu vt de diebus nonaginta qui in fine tertii
octennii intercalari de more solito debebant
dies XXIIII. subtraherentur, pro illis totidē
diebus qui singuli, vt dictum est, in honorem
imparis numeri annis singulis Ianuario per
Numam additi in dies XXIIII. annis totidem accreuerant, & quibus annus Numæ
Græcum excedebat. Hunc Liuij locum eo
pluribus mihi explicandum putaui, & quòd
paulò obscuriùs à Macrobio esset explicatus, Lib.1.Sat.
cap.15.

& quòd quamplurimis ipsum negotium facessere intelligerem. Cæterum diagramma hic tibi tabellæ octennalis ascribere volui, vt simili via similes in annos infinitos possis construere. Huius autem tabellæ septem primi anni communes sunt Atticis: octauus quisque tantū Embolimus: vt & quartus quisque Romanis Bissextilis. Qua autem via deprehendere possis vnde primum annum octēnii ausp:cari possis, aut venari quotus quisque annus Domini propositus, quoto anno octēnii respōdeat, paulo antè docuimus: & diximus idcōmodè fieri posse addendo 772, an nos ad annū currentē, verbi gratia ad annū 1570, & consurget summa annorum 2342, quæ venit per octo diuidēda. Quod autē restat ostendit tibi quotus anni Christi propositus, quoto anno octennii Attici respōdeat: vt quia ex proposita summa per octo diuisa sex restant, elicimus annum 1570 anno sexto octennii respondere, atque ita annum 1572. vltimum octennÿ futurum. vt abs prima Luna noua qua proximè Solstitium sequatur anni 1573. commodè possis aliud octennium construere. Sed en tibi diagramma octennalis tabella.

   Tabella octennalis.
1557.   1565.
         1558.

1558.	1566.
1559.	1567.
1560. --Bissextilis Romanis.--	1568.
1561.	1569.
1562.	1570.
1563.	1571.
1564. --Bissextilis Romanis.--	1572.

IN fine cuiusque octennÿ vt ad finem 1564, & 1572, intercalabant menses tres singulos tricenûm dierum: sic annus redibat ad eandem metam vnde incepisset.

Hæc verò intercalandi in fine octaui cuiusque anni ratio in media etiam Græcia magnos viros latuit, vnde factum vt cùm de anni Græci ratione & mensium eius cum nostris collatione verba facerent, Andabataru pugnantium more clausis non oculis pugnarent, sed cæca mête disputarent. Qua autem ratione fiat vt annus Solaris Lunarem diebus XI. excedat, Seuerianus Græcus auctor lepido cemmento sic apud Angelum Politi. miscella, centuria prima, capite nonagesimo quarto declarat his verbis, Solem factum esse à Deo primitus & Lunam Legifer Hebræus prodit, quarta mox vt orbem inchoauerat die, qui tamen quoniam alterum diei, nocti alteram præfecisset,

etiam illum in Orientis credi potest, hanc in
Occidentis posuisse confinio. Nec autem debuit, quemadmodum quidam hîc opinatur,
sic à principio statim Lunam fingere Deus vt
detrimento affecta, vt decerpta, vt gracilescens, vt discriminata, vt diluta, vt inanis,
vt exhausta foret lumine, qualem nunc eã esse vel nascentem vel intermenstruam vel se
nescentem, vel in coitu, vel in ipso quoque
deliquio videmus. Quin orbe pleno potiùs
integróq̃, circulata, nõ gibbosa, nõ prætumida, nõ sinuata, nõ corniculãs, nõ diuidua, nõ
silens. Etenim dein ista multiformitas tẽporum erat & noctium & dierum velut interuallaris & discriminatrix futura. Quocirca
edito recẽs & matutinos ingrediente carceres Sole, Luna prorsus è regione metam finitoris radebat occiduam, munifex tum primũ
orbis & in suo quasi dixerim tyrocinio: Sed
vt ad Occidentem Sol ipse circumactus est,
etiam inuicẽ peruecta Luna suo curriculo est
ad Orientis collimitium. Sic igitur audiẽtes
dicto dici pariter præfuerunt noctique. Cur
autem non se tum potiùs quarta Luna facies
exhibuerit quot.a est edita die? Quoniam
summum, inquit, Luna quarta tenere Occidentis limitẽ nequiuisset, ita rotundata specie plenóque prorsus ore quintamdecimam

pro

pro quarta exhibens, vndecim sibi dies velut arrogauerat, ac totidem planè diebus Luna Solem natura præuertit. Ex quo fit vt etiam Soli iure dies illos XI, Luna quasi bonafide restituat. Nam cùm sit vndetriginta & semissis dierum menstruus Lunæ calculus, dissultat hinc numerus duodecim mensium annarius, è diebus omninò trecentis quinquaginta quatuor: quæ summa vndecim illos sibi agglutinans, quos à primordio Luna sicut auctarium præsumpserat, annum constituit hunc Solarem trecentorum sexaginta quinque dierum. Hæc apud Politianum loco prædicto Seuerianus Græcus auctor de his XI. diebus quibus annus Lunaris Solari curtior est.

Sciendum quinetiam est Græcos mensem quemlibet in tres decadas distribuere solitos fuisse. quarum primam decadam, μlωὸς ἰσαμβύϛ: Secundam, μlωὸς μεσοῦντος: Tertiam, μlωὸς φθίνοντος exprimebant: quasi dicas decade mensis instantis, decade mensis medii, & decade mensis desinentis. Deinde prima decadis primum diem Νεμlωίαϛ, secundũ δ ἀτέραν ἰσαμβύϛ, tertiũ Τέτην ἰσαμβύϛ, & sic deinceps vsq̃ ad διχάτην ἰσαμβύϛ. Rursus secunda decadis primum diem, πεφτlω ὅτι δἰχα μεσοῦντος: Secundum, ὁ ἀτέραν ἰτὶ δἰχα μεσοῦντος, & sic deinceps vsque

K.

ἀδ' ἡμέρα ſeu εἰκοςτω̃ι.i, vicesimum. Tum tertiæ decadis primum diem περὶ τω̃ν ὑπὶ εἰκάδι vel περὶ τω̃ν μετ' εἰκάδα.i, Primā post vicesimam, ſecundā, tertiā supra vicesimā, &c. vocabāt: Vel etiam primum diem tertiæ decadis instituto Solonis, ut ferunt, δεκάτω̃ν φθίνοντ©, ſecūdum ἐννάτω̃ν φθίνοντος, &c. id est, decimā desinētis, nonā, octauam, ſeptimā desinentis: & usque ad ultimum eodem modo imminuendo numeros. Vltimus autē dies mensis ἕνη κ̣ νέα dicitur Polluci lib. 1. c. 7. Suidas ἕνη κ̣ νέα ἡ τελευταῖα καλυμβή. π. ἕνον γὰ τὸ παλαιόν. Ἐ'κ τῦ ἕνον ἢ καὶ τέον. Et paulo post. Ἐ'νη, inquit, καὶ νέα. ἥτω παρ' Ἀθηναίοις ἡ παρ' ἡμῖν τελευτάς, ἡ Νουμηνία. Ἐ' δὴ ſυμβαίνει ἐν αὐταῖς τὲ λήγειν τὲ Σελήνην τὲ γενᾶαθ. Ἐ'νη κ̣ νέα, inquit, tricesima dies mēsis vocata est: nā ἕνον vetus & antiquum significat. ex dictione autē ἕνον sit νέον, & ex veteri nouū. Et paulo post, Ἐ'νη τὲ νέα sic Atheniensibus dicitur quæ nobis est tricesima aut Neomenia. Nā iisdē diebus Lunam & desinere & nouari contingit. Hactenus Suidas, qui male Neomeniā cum Ἐ'νη κ̣ νέα confundit. Auctor argumenti orationis Demost. περὶ στεφάνου τ̃ τριηραρχίας .i, de corona præfectura naualis de Ἐ'νη τὲ νέα sic loquitur post alia, τὸν δὲ μὴ πρὸ τῆς ἕνης καὶ νέας, ἥτις ἐςὶν ἡ τελευταία τῦ μηνὸς, πε-
ειερμίσαντα

ἐορμίσαντα τὴν ναῦν ὑπὸ τὸ χῶμα, δεθῆναι. id est, qui autem ante ἕνην κ̀ νέαν, quæ quidē vltima mensis est, nauem ad vallum nō perduxerit, in vincula coniiciatur. Plutarch.in Solone, Porrò autem Solon cōspicatus mensis rationem malè constare, motúmque Lunæ ne que cum Oriente neque cum Occidente Sole concurrere, vt quæ sæpe eodē die Luna Solem & assequeretur & præuerteret, eam ipsam diem ἕνην κ̀ νέαν (quasi veterem & nouam diceret) vocauit: partem eius quæ esset prior coitu Solis & Lunæ, mensi iam desinenti: reliquam ineunti attribuēs. Primus enim intellexisse videtur Homeri hunc versum.

Τȣ̂ μὲν φθίνοντος μηνὸς, τȣ̂ δ' ἱςαμένοιο .i, Ὀδυσ. Ξ. iam cessante alio mense atque alio in- Macrob. lib.1.Sat. cipiente. cap.19.

Sequentem diem Νȣμηνίαν .i, Nouilunium appellauit. post vicesimum diem numero dierum nihil iam addidit, sed subinde detrahendo (quemadmodum & de lumine Luna videbat diminutionem sensim fieri) vsq; ad tricesimum diem numerauit. Hæc Plutarthus. Sanè Sotion, vt auctor est Constantinus Cæsar lib.1, De Agricultura cap.13, dies illunes appellauit eos qui sunt à vicesimo nono ad secundam nouam. Id tempus alij coitum, vt inquit Plinius, alij interlunium, alij silē- Lib.16. cap.19.

K. ii.

ANNI ATTICI

Διαθέ-
σες
Lunæ, i,
habitus,
affectio-
nes seu vi-
sitationes
Lunæ per
Septima-
nas.

tis *Lunam appellant. Coniunctionem alij , & Nouilunium, Græci* Νεμηνίαν *&* Σύνοδον. *vt & primam Lunam* μηνοειδῆ .i, *Corniculatā & falcatam, & nondum semiplenam sed cauam & cornutam,* κοίλην. *Porrò autem etsi Luna silere dicitur cùm intermenstrua est, neque lucet, tamen Maro tacita amica silentia Lunæ dixit nocturnum eius lumen intelligens. quòd noctem silere dicerent, respectu diei qui inquietus est & clamosus. & nox ipsa à poëtis tacita & tranquilla dicitur.*

Septimam vocant Διχότομον κὴ ἡμίτομον .i, *semiplenam, dimidiatam, diuiduam, rectam d'* Θέαν.

Vndecimam vocant Ἀμφίκυρτον .i, *gibbosam, gibberosam, turgidam, & tumidam.*

Decimam quintam πανσέληνον .i, *plenilunium & oppositionem vocant.*

Arist. 2. de cælo.

A plenilunio rursum fit ἀμφίκυρτος .i, *gibbosa.*

Exin rursum Διχότομος. *& tandem fit* μηνοειδὴς *dum iterum ad* Σύνοδον .i, *coniunctionem redeat. Schematismi enim, id est, conformationes seu habitus, affectiones & visitationes Lunæ qui sunt dum augetur, ordine immutato procedunt dum imminuitur. Omnes autem hæ Lunæ facies seu* σχηθίσες, *visitationes Latinis, Græcis* φάσεις *etiam dicū-*
tur

*tur. Vitruuius, Visitationem, inquit, facit te-
nuem extrema rotundationis Luna.i, tenui-
ter & exiliter eius extremitas cernitur.*

Hactenus de anno Attico.

HECATOMBÆONIS ET
METAGEITNIONIS PRIMI ET
secundi mensium Atticorum integra descriptio, ex qua aliorum mensium descriptionem cóstruere, si vo-
let, possit lector. Habet autem Hecatombæon, vt & impar quisque, dies
xxx. Metageitnion, vt par quisque,
dies xxix.

*HECATOMBÆON anni 1570. die-
rum xxx.*

Maij anni 1570.

1	Νυμηνία.	2
2	Δευτέρα ἱσαμένε.	3
3	Τείτη ἱσαμένε.	4
4	Τετάρτη ἱσαμένε.	5
5	Πέμπτη ἱσαμένε.	6
6	Ἕκτη ἱσαμένε.	7

K. iii.

	ANNI ATTICI	
7	Ἑβδόμη ἱσαμβμύν.	8
8	Ὀγδόη ἱσαμβμύν.	9
9	Ἐννάτη ἱσαμβμύν.	10
10	Δεκάτη ἱσαμβμύν.	11
11	Πρώτη ἐπὶ δέκα μεσοῦντ‍Ὸ	12
12	Δευτέρα ἐπὶ δέκα μεσοῦντ‍Ὸ	13
13	Τρίτη ἐπὶ δέκα μεσοῦντ‍Ὸ	14
14	Τετάρτη ἐπὶ δέκα μεσοῦντ‍Ὸ	15
15	Πέμπτη ἐπὶ δέκα μεσοῦντ‍Ὸ	16
16	Ἕκτη ἐπὶ δέκα μεσ. 17 May
17	Ἑβδόμη ἐπὶ δέκα μεσοῦντ‍Ὸ	18
18	Ὀγδόη ἐπὶ δέκα μεσοῦντ‍Ὸ	19
19	Ἐνάτη ἐπὶ δέκα μεσοῦντ‍ος	20
20	Εἰκὰς seu εἰκοστή.	21
21	Δεκάτη φθίνοντ‍Ὸ.	22
22	Ἐνάτη φθίνοντος.	23
23	Ὀγδόη φθίνοντ‍Ὸ.	24
24	Ἑβδόμη φθίνοντ‍Ὸ.	25
25	Ἕκτη φθίνοντος.	26
26	Πέμπτη φθίνοντ‍Ὸ.	27
27	Τετάρτη φθίνοντ‍Ὸ.	28
28	Τρίτη φθίνοντ‍Ὸ.	29
29	Δευτέρα φθίνοντ‍Ὸ.	30
30	Ἕνη καὶ νέα.	31

Vicesima prima dies dicitur etiam περὶ
ἐπ' εἰκάδι, & πρώτη μετ' εἰκάδα. vicesima secunda

RATIO.

cunda, Δωτέρα μετ' ἰκάδα, & *sic deinceps.*

Metageitniōn mensis secundus Atticorum diebus constās
XXIX.

1	Νουμηνία.	1 Iunÿ 1570.
2	β. ἱσαμένου.	2
3	γ. ἱσαμένου.	3
4	δ. ἱσαμένου.	4
5	ε. ἱσαμένου.	5
6	ϛ. ἱσαμένου.	6
7	ζ. ἱσαμένου.	7
8	η. ἱσαμένου.	8
9	θ. ἱσαμένου.	9
10	Δεκάτη ἱσαμένου.	10
11	α. ἐπὶ δέκα μεσοῦντ⊙.	11
12	β. ἐπὶ δέκα μεσοῦντ⊙.	12
13	γ. ἐπὶ δέκα μεσοῦτος.	13
14	δ. ἐπὶ δέκα μεσοῦντ⊙.	14
15	ε. ἐπὶ δέκα μεσοῦντ⊙.	15
16	ϛ. ἐπὶ δέκα μεσ.	16 Iunÿ 1570.
17	ζ. ἐπὶ δέκα μεσοῦντ⊙.	17
18	η. ἐπὶ δέκα μεσοῦντ⊙.	18
19	θ. ἐπὶ δέκα μεσοῦντ⊙.	19
20	Εἰκάς sive εἰκοστή.	20
21	α. μετ' ἰκάδα.	21
22	β. μετ' εἰκάδα.	22

K. iiii.

ANNI ATTICI

23	γ. μετ᾽ εἰκάδα.	23
24	δ. μετ᾽ εἰκάδα.	24
25	ε. μετ᾽ εἰκά.	25
26	ς. μετ᾽ εἰκά.	26
27	ζ. μετ᾽ εἰκάδα.	27
28	η. μετ᾽ εἰκά.	28
29	Ἔνη καὶ νέα.	29

Vicesima prima dici potest πρώτη ἐπ᾽ εἰκάδι *vel* πρώτη μετ᾽ εἰκάδα. XXII, δευτέρα ἐπ᾽ εἰκάδι *vel* μετ᾽ εἰκάδα, *vel inuerso numerorum ordine.* θ. φθίνοντος. η. φθίνοντος. ζ. φθί. ς. φθί. *quod est* ἐνάτη φθίνοντος, ὀγδόη φθί. ἑβδόμη φθίνον. ἕκτη φθί. *& sic deinceps. Ex duorum istorum mensium descriptione, lector, reliquos si videbitur, menses adscribere tibi erit integrum.*

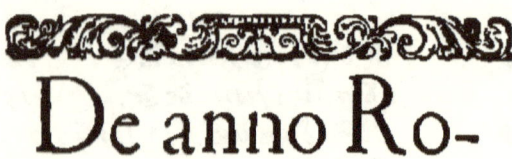

De anno Ro-
MANO.

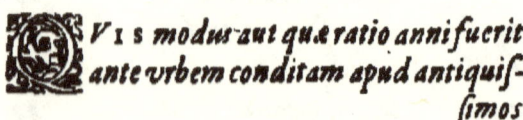 VIs modus aut quæ ratio anni fuerit ante vrbem conditam apud antiquissimos

RATIO. 153

simos Italiæ populos, siue ij Vmbri, vt scribit Lib.3.c.14.
Plinius, siue Hetrusci, Sabini aut alii fuerint,
diuinare non est facile, cùm eius rei tractatio
neque literarum monumentis tradita vsquã
extet, neque per manus nobis tradita sit. Et
crediderim sanè regnantibus etiã priscis illis
Iano, Saturno, Pico, qui tres primi regnasse
dicuntur in ea Italiæ parte quæ Latium dicitur, annum potiùs nullam quàm aliquã rationem habuisse. Nam qui, quæso, Astrologica ratione tempus in annos, menses, dies
aut horas partiri nouisse potuissent rudes
illi & inculti populi, qui ne domos quidem
ædificare, terram colere, serere aut mete-
re nossent: sed qui semiferi glandibus vitam
sustentarent, & aut in speluncis aut magali- Varro lib.
bus frondibus virgultísque contextis habi- 1.rei rust.
tarent, nec quid murus, nec porta quid esset cap.1.
sciebant. Rudibus ergo illis & incultis seculis
prætermissis, quibus vix homines Solē, Solē
esse agnoscebant, ad ea quibus cultiores &
humaniores homines facti & res domi mi-
litiæque præclarè gerere & tēporis etiam rationem habere cœperūt, deueniamus: atque
à Romulo primo illo gentium omnium domi-
tricis vrbis ædificatore (quãdo altiùs rem re-
petere non possumus) dicendi exordium fa-
ciamus. Is condita in Latio vrbe, quã de suo

nomine Romam appellauit, inter alia multa quibus imperium fecit augustius temporis etiam rationem sibi habendam putauit. Ac primùm annum diebus tunc trecentis quatuor integratum in menses decem, quorū sex tricenûm dierum, quatuor tricenùm singulorum essent, distribuit: primúmque mēsem genitori suo Marti dicatum Martium vocauit. Porrò triginta dies capiebāt Aprilis, Iunius, Augustus, qui tum Sextilis, September, Nouember, December. Triginta verò & vnum Martius, Maius, Quintilis, qui nunc Iulius, & October. Sed cùm is numerus neque Solis cursui neque Lunæ rationibus, conueniret, nonnunquam vsu veniebat vt frigus æstiuis anni mensibus & contrà calor hyemalibus proueniret: quod vbi contigisset tantum dierum sine vllo mensis nomine patiebātur absumi, quātum ad id anni tempus adduceret, quo cæli habitus instanti mensi aptus inueniretur. Cæterùm hac anni digestione videri possint Romani aliquādiu mensibus Lunaribus esse vsi: quod testari videtur Macrobius,

2.Sa.c.14.

qui scribit Romulum initium cuiusque mensis sumpsisse ex eo die quo nouam Lunam videri contigisset: cui subscribit Ouid. Fasto 3.
  Luna regit menses, huius quoque tēpora mensis Finit, &c.

Et

RATIO. 155

Et Liuius lib.1.ab urbe cond.scribit Numam Pomp.primum omnium ad cursum Lunæ descripsisse annum.Et Plut.Sub Romulo, In Numa. *inquit, nulla mensiũ ratio constabat, nullus ordo:sed alij minoribus quã* XX, *alij* XXXV, *alij pluribus adhuc diebus censebãtur:neque varietatẽ cursuũ Solis & Lunæ intelligebãt, sed obseruabãt id solũ ut annus* 304. *diebus cõficeretur,&c.Verùm enim quòd Romulus annũ suum decem mensium primùm effecerit,testatur Ouidius,qui Fastorum* 1.*canit,*

Tempora digereret cùm conditor
 urbis,in anno
Constituit meses quinque bis esse suo.
 Annus erat decimum cùm Luna re- Et in 1.
 ceperat orbem, Fast.
Hic numerᵘ magno tũc in honore fuit.
 Seu quia tot digiti per quos numera-
 re solemus,
Seu quia bis quino fœmina mẽse parit.
 Porrò verò iccirco annũ à Martio,diebus scz.circiter XX. *ante Æquinoctium uernũ, inchoauisse uidetur Romulus,uel quia in eo Hebræos,qui inde, ut suo loco dictum est,annum suũ exordiuntur, imitandos sibi proposuerat,uel quia ab eo tempore omnia nouam quasi faciem & ætatem accipiũt,inde se quoq̃ cõmodè anni principiũ facere posse arbitra-*

retur qua opinione motus Ouidius cecinit.
    Omnia cùm virent, tūc est noua tē-
    poris ætas.
    Sic annus per Ver incipiendus erat.

Annvs ergo Romuli his decē totis men-
    sibus constabat.

Annus Romuli.

Martius	31	Sextilis	30
Aprilis	30	September	30
Maius	Dierū. 31	October	31
Iunius	30	Nouember	30
Quintilis	31	December	30

Summa dierum anni Romuli
304.

Numa Pompilius.

Numa Pompilius Romulo succedens vel quantum sub cælo rudi & seculo adhuc impolito solo ingenio magistro comprehendere, vel quantum ex Græcorum obseruatione edoceri potuit, ad trecentos quatuor dies anni Romuli alios quinquaginta addidit, vt ad Græcorum morem annus ad trecentos quinquaginta quatuor dies assurgeret. Eos dies quinquaginta in duos mēses distribuit, quorum, quē primum anni esse voluit, Ianuarium: quem secundum, Februariū nuncupauit. Sed quia
viginti

viginti quinque dies satis esse ad mensem
integrandum non poterant, de singulis sex
mensibus qui anno Romuli dies XXX. habebant
vnum diem detraxit. detractos dies numero
sex ad illos quinquaginta addidit, ac
in suos illos addititios Ianuariū & Februarium
distribuit. Sic vterque mensis tum capiebat
dies viginti octo. Sex verò menses Romuli
qui dierum triginta erant, singuli vno
per Numam decurtati viginti nouem tantũ
dierum erant. Et sunt qui credunt Numam
Ianuarium in honorem Iani (quem volunt
esse Noe) consecrauisse.   Numæ mentionē In Numa
facit Plutarchus dum scribit, Cælestium quoque
motuum rationem, vt non exacte tractauit
Numa, ita non inerudite quoque attigit.
Sub Romulo nulla mensium ratio constabat,
nullus ordo, sed alij minorib⁹ quàm XX,
alij XXXV, alij pluribus adhuc diebus censebantur:
neque varietatem cursuum Solis &
Lunæ intelligebant, sed obseruabant id solũ
vt annus 304. diebus cõficeretur. Numa supputans
vndecim diebus annum Lunarem à
Solari differre, quòd ille diebus 354, hic 365.
constaret, duplicauit illos dies XI, ac alternis
annis post Februarium inseruit mensem intercalarem,
qui Romanis Mercidinus dicitur
habétque dies XXII. Sed futurum erat

ANNI ROMANI

vt hæc inæqualitatis correctio maiora alia re
media requireret, &c. & hactenus Plutarchus. Cæterùm his mensibus duodecim & tot
etiam diebus annus Numæ constabat, vt hîc
videre potes.

Annus Numæ.

		Dierum.
1	Ianuarius.	28
2	Februarius.	28
3	Martius.	31
4	Aprilis.	29
5	Maius.	31
6	Iunius.	29
7	Quintilis.	31
8	Sextilis.	29
9	September.	29
10	October.	31
11	Nouember.	29
12	December.	29

Summa dierum anni Numæ.
354.

Macrob.l.   Paulò pòst Numa in honorē imparis nu-
Saturc.14.   meri(secretum hoc & ante Pythagoram par-
turiente natura) vnum adiecit diem quem
Ianuario dedit, vt tam in anno(hac enim ra
tione annus dies 355. continebat) quàm in
mensibus singulis præter vnum Februarium
impar

·RATIO.

impar numerus seruaretur. Solus Februarius XXVIII. dies retinuit, quasi inferis & diminutio & par numerus conueniret.

Summa ergo dierum anni Numæ post additum vnum diem in honorem imparis numeri, dies treceti quinquaginta quinque.

CCC.LV dies.

Explicata intercalandi ratio quæ apud Macrobium paulò obscurior multis negotium facessit.

l.Sat. c.15.

MACROBIVS.

Cùm ergo Romani ex hac distributione Pompilij ad Lunæ cursum, sicut Græci, annū proprium computarent, necessariò & intercalarem mensem instituerunt more Græcorum. Nã & Græci cùm animaduerterent temerè se trecentis quinquaginta quatuor diebus ordinauisse annum (quoniam apparet de Solis cursu qui 365, & quadrante zodiacum cõficit, deesse anno suo vndecim dies & quadrantem) intercalares statuta ratione commenti sunt, ita vt octauo quoque anno nonaginta dies, ex quibus tres menses tricenū dierum composuerunt, intercalarēt. Id Græci fecerunt quia operosum erat atque difficile

omnibus annus vndecim dies & quadrantē
intercalare. Itaque maluerunt hunc numerū
octies multiplicare, & nonaginta dies, qui
nascuntur si quadrans cum diebus vndecim
octies componatur, inserere in tres mēses, vt
diximus, distribuēdos. Hos dies ἐμβαίνοντας,
menses verò ἐμβολιμοὺς appellant. Hæc
de intercalandi ad finem cuiusque octennÿ
ratione Macrobius.

Annotationes LALAMANTII *in hunc
Macrobÿ locum.*

Hæc facilia sunt & paulò antè à me in anni Attici tractatione explicata. Quæ sequũtur explicatione videntur indigere.

MACROBIVS.

Hunc ergo ordinem Romanis imitari placuit: sed frustra. Quippe fugit eos diem vnū, sicuti suprà admonuimus, additum à se ad Græcum numerum in honorem imparis numeri. Ea re per octennium conuenire numerus atque ordo non poterat.

LALAMANTIVS.

Romani, inquit, vel non satis accuratè anni rationem perpēdentes, atque adeo parum memores illius vnius diei qui per Numam ad dies 28. Ianuarÿ in honorem imparis numeri

meri fuerat additus, vel nihil aut parum ob-
esse eam vnius diei additionem arbitran-
tes, etiam & ipsi Græcorum exemplo per o-
ctennium dies nonaginta, eo quo paulo pòst
dicemus distribuendos modo, intercalabant:
sed frustrà, quia octennio finito numerus atq;
ordo vtriusque anni Græci dico & Romani
non conueniebat. Nam summa dierũ totius
octennij Romani assurgebat ad dies bis mille octingentos quadraginta: quod cõstabit si 2840.
dies 355 (ad quam summam pertingebant
singuli anni Numæ post eum vnum diem Ianuario additum in honorem imparis numeri)octies multiplicaueris. Summa verò totius
octenij Græci ad dies 2832. assurgebat: quod 2832.
itidem constabit si dies 354. (quam summã
singuli anni Græci complent) octies etiam
multiplicaueris. vnde apparet summam dierũ totius octennij Rom. nõ quadrare cũ summa dierũ totius octenij Græci: sed numerum
Rom. excedere Græcum, vt hìc vides, dieb⁹ 8.

Dies anni Numæ octies multiplicati.	Dies anni Græci octies multiplicati.
355.	354.
8.	8.

2840.	Ad hanc anni Græci sum-	2832.
	mam adde 8. & videbis	8.
	numeros quadrare.	2840.

L.

MACROBIVS.

Sed nondum hoc errore comperto per octo annos, nonaginta quasi superfundēdos Græcorum exemplo computabant dies, alternisque annis binos vicenos, alternis ternos vicenos intercalares expensabant intercalationibus quatuor. Sed octauo quoque anno, intercalares octo affluebant dies ex singulis quibus vertentis anni numerum apud Ro. super Græcum abundasse iam diximus.

LALAMANTIVS.

Hoc dicit Macrobius, Romani, inquit, diu ante compertum eum errorem qui in anni ratione ex eo vno die (quem abs Numa Ianuario ad eius dies 28 quos tunc tantū habebat additum sæpe repetiuimus) contingebat: nonaginta dies Græcorum quidem exemplo, sed diuersa tamen ratione intercalabant. Nā Græci finito octennio 90 eos dies in tres mēses anonymos distributos, vt antè in Attici anni ratione ostendimus, intercalabant. Romani verò per octo annos seu durante octēnio alternis annis intercalationibus 4 intercalabāt. alternis autē annis, id est, paribus octēnÿ annis nō etiā imparibus: ita vt primo, tertio, quinto, & septimo imparibus octēnÿ annis non intercalarent: Secundo verò, quarto, sexto, & octauo paribus octēnÿ annis intercalarent: & ita vt secundo & sexto o-

RATIO.

Etenÿ annus viginti duos tātum dies: Quarto verò & octauo viginti tres intercalarent. Quæ dierum intercalationibus quatuor, ita vt prædictum est, insertorum summa ad dies 90, (parem scilicet quam in sui octennÿ fine summā Græci intercalabāt) assurgebat. Vnde numerus dierum anni Romani cum Græco cōuenisset, ni in Romano octo dies per annos totidem, propter vnum illum diem abs Numa Ianuario additū in honorē imparis numeri, superfuissent. Sed quia annus Numæ die vno, vt sæpe dictum est, Græcū excedebat, fiebat vt octauo quoq, anno dies 8 afflueret, quibus annus Rom. Græcū superabat.

MACROBIVS.

Hoc quoque errore iā cognito hæc species emēdationis inducta est. Tertio quoque octēnio ita dispēsandos intercalabāt dies vt non 90 sed 66 intercalarēt: cōpensatis 24 diebus pro illis qui per totidē annos supra Græcorum numerum creuerant. Omni autem intercalationi mensis Februarius deputatus est, quoniam is vltimus anni erat.

LALAMANTIVS.

Quod tradit perspicuū est. doces enim Romanos errore eo deprehenso qui ex addititio die Numa proueniebat, hoc et tādē remedÿ adhibuisse, vt tertio quoq, octennio, sen si vis

L.ÿ.

24 quoque anno, nõ 90 dies, vt in primo & secundo octēniis, sed sexaginta sex tantũ intercalarent. compensatis in tertio octennio XXIIII. diebus pro illis qui per totidem annos supra Græcum numerum creuerant. Quasi velit dicere, Romanos primo & secundo octenniis siue octauo & decimo sexto annis dies quidem nonaginta more Græcorum & pro solito etiam suo more, intercalauisse, sed tertio quoq, octēnio seu vicesimo quarto quoq, anno n 90. dies, vt primo & secũdo octenniis, sed sexaginta sex tātùm: de nonaginta scilicet, dies 24. substrahentes ne annus suus supra Græcum diebus totidem, quot anni cõputarẽtur, excresceret, propter diem illũ Numæ addititiũ. Viginti quatuor enim de nonaginta substracti sexaginta sex relinquũt: & contrà 24. ad 66. additi pariunt nonaginta. Id aliter dicam quò facilius quod dico intelligatur: Annus Numæ diebus 355. constās in annis 24. consurgit in dies octo mille quingentos viginti. Annus Græcorum diebus 354.i, die vno minus quàm annus Numæ, constans: in annis totidem nempe 24. cõ surgit in summam octo mille quadringentorum nonaginta sex dierum. vnde colligere licet in annis viginti quatuor annum Numæ excedere annum Græcum diebus totidẽ,

id

RATIO. 165

id est, 24. Ambos ergo annos Numæ dico & Græcorum, vt pares facerent Romani, primo quidem & secundo octenniis dies 90, Græcocorum more: Tertio vero octennio, id est, vicesimo quarto quoque anno 66. tantùm intercalabant: viginti quatuor scilicet dies in totidem annis substrahentes ne annus Numæ Græcũ semper excederet. sic fiebat vt post annos 24. & non antè, anni vtrique quadrarent & pari dierum numero congruerent. Et de hac intercalandi ratione loquitur Liuius, cùm dicit Numam omnium primum ad cursum Lunæ in 12. menses descripsisse annum: quem (quia, inquit, tricenos dies singulis mẽsibus Luna non explet, desuntque dies solido anno qui Solstitiali circumagitur orbe) intercalares mensibus interponendo ita dispensauit, vt vicesimo quarto quoque anno ad metam eandem Solis vnde orsi essent, plenis annorum spatiis dies congruerent. Intercalabant autem etiam eo tempore, vt & hoc nostro solemus, in Februario inter vicesimum tertium & 24. diem eiusdem super literam F. quam tunc in Calendariis geminare solemus, & tum etiam bis sexto Calendas Martii (vnde & Bissextus dictus) dicere cogimur. vt illis annis Februarius dies 29. habeat: cõmunibus verò annis, nõ etiam

1. ab vrbe cond.

L. iii.

bissextilibus, tantùm 28.

 Cæterùm cùm Numa ad annum Romuli menses duos Ianuarium & Februarium(illum dies viginti nouē, hunc viginti octo capiētem) addidisset, fiebat vt anni initiū (Ianuarius autē annū inchoat) proximè ad Brumā, seu, vt cū Columella loquar, ad Brumale Solstitium accederet. prima enim dies Ianuarij atq; adeo totius anni diebus xv post Brumam contingit. Id autē consultò fec.sse videri possit Numa, nimirum vt noui Sol & annus initium caperent. quod innuit Ouidius his versibus in Fastis,

<small>Lib. 11. c.
2.Macrob.
1. Satur. c.
27.</small>

  Bruma noui prima est, veterísque no
   uissima Solis.   (idem.
 Principiū capiunt Phæbus & annus-
Plutarchus etiam in Mario scribit, Mariū Calend. Ianu. (quod initiū anni, inquit, Ro. est) ex Africa cum exercitu transuectū, Cōsulatū occœpisse & triumphū duxisse, Iugurtamq́; captiuum, incredibile Rom. spectaculum, exhibuisse.

   Hactenus de anno Numæ.

IVLIVS CAESAR.

<small>Suetonius
in Iulio.</small>

 Vlius Cæsar multis post Numā annis conuersus ad ordinandum reip. statū,

fastos correxit, iampridem vitio pontificum
per intercalādi licentiā adeo turbatos, vt neque meßium feriæ æstati, neque vindemiarū
autumno cōpeterent: annumą̃, ad cursum Solis accommodauit, vt 365 dierum esset, & in
tercalario mense sublato, vnus dies quarto
quoque anno intercalaretur. Quo autē magis in posterum ex Calend. Ianu. nobis temporum ratio cōgrueret, inter Nouembrem ac
Decembrem mensem, interiecit duos alios.
Fuitą̃ is annus quo hæc constituebantur mēsium XV, cum intercalario, qui ex consuetudine in eum annum inciderat. Hæc Sueto-
nius. Et Plut. in Cæsare, Anni verò, inquit, In Iulio.
correctio & inæqualitatis fastorū emendatio
elegāter ab eo excogitata & absoluta, vsum
habuit gratißimum. Non enim antiquitus
habuerunt Rom. menses ad anni circuitum
congruētes: (quo efficiebatur vt sacra & feria paulatim à constituto die decedētes in di-
uersam adeo anni partem deferrētur) sed &
Solaris anni ratio qua vtebantur Cæsaris æ-
tate, omnibus præterquàm sacerdotibus igno-
ta erat, ijque soli eam cognitam habentes, su-
bitò ac præsentiente nemine mensem intercalarem adiiciebant, qui & Mercidonius
dicitur. Hunc autem primus omnium Numa exinuenisse traditur, auxilium ad

L.iiij.

errores & confusionem tollendam exiguum
neque durabile, vti & in eius vita demonstratum est. Sed Cæsar præstantissimis Philosophis atque Mathematicis eam quæstionem
proposuit, & ex methodis iam tum inuentis
peculiarem quandam & absolutam emendationem eruit, qua etiamnum vtuntur Romani, minúsque reliquis temporum inæqualitate laborare videtur. Neque tamen id institutum, eorum qui potentiæ eius inuidebãt
reprehensiones effugit. Cùm & Cicero, docente quodam Lyram postridie orituram, Nimirum, inquit, ex edicto. tanquam hîc quoque
necessitatem hominibus Cæsar imposuisset.
Et Plinius lib.18. cap.25. scribens dierum ipsorum anni Solísque motus propè inexplicabilem esse rationem, & quod ad eam rem attinet tres sectas fuisse, Chaldæam, Ægyptiam, Græcam: subdit, His addit apud nos
quartam Cæsar dictator annos ad Solis cursum redigens singulos: Sosigene perito scientiæ eius adhibito. Et ea ipsa ratio postea comperto errore correcta est, ita vt duodecim annis continuis non intercalaretur, quia cæperat sydera annus morari, qui prius antecedebat. Et Sosigenes ipse tribus commentationibus, quanquam diligentior esset cæteris, non cessauit tamen addubitare ipse se-
met

met corrigendo. Hæc loco prædicto Plinius. Macrobius quinetiam ea de re loquens, C. Cæsar, inquit, omnē hanc incōstantiam temporū vagam adhuc & incertam in ordinem statutæ definitionis coegit: adnitente sibi M. Flauio scriba, qui scriptos dies singulos ita ad dictatorem retulit, vt & ordo eorum inueniri facillimè posset, & inuēto certus status perseueraret. Ergo C. Cæsar exordium nouæ ordinationis initurus, dies omnes qui confusionē adhuc poterant facere, consumpsit. eáque re factum est, vt annus confusionis vltimus in quadringentos quadraginta tres dies protēderetur. Post hoc imitatus Ægyptios, solos diuinarū rerum omnium conscios, ad numerum Solis, qui diebus 365, & quadrante cursum suū conficit, annum dirigere contendit. Nam sicut Lunaris annus mensis est, quia Luna paulominus quàm mensem in Zodiaci circuitione consumit, ita Solis annus hoc dierum numero colligendus est, quē peragit dum ad id signum se denuo vertit, ex quo digressus est: vnde annus vertens vocatur. & habetur magnus, cùm Lunæ annus breuis putetur. Hæc Macrobius. Dictio autem Suetonii hoc dat nobis intelligere, Quòd etsi Romani cognito eo errore qui, vt & antè dictū est, ex addititio die Numæ prouenicbat, hoc

Satur. l. cap. 17

Annus vertens.

ei tādem remedij adhibuerint, vt tertio quoque octennio non nonaginta dies, vt in aliis duobus primis octenniis, sed 66 tātùm intercalarēt: tamē ne sic quidē efficere potuisse vt annus cursus aut Solis aut Lunæ conueniret. Vagus itaque & turbatus cùm esset Iulij tēpore anni modus, quòd minus quàm par esset intercalaretur: fiebat vt AEquinoctia & Solst.tia retrò ferrentur in anteriora, & contrá. Quo fit vt si AEquinoctia & Solstitia vno eodēmq̃, loco firmari velimus, neque iusto plus neq̃, minus intercalare, si fieri possit, nos oporteat. Cæterùm cùm Iulius Cæs. minus intercalari quàm par esset, intelligeret, anno certū modū adhibere voluit. Sed antequàm ipsum in eam, quā etiā hodie retinemus formā, redigeret: id est, antequam mense intercalario sublato (vt loquitur Suetonius) annū dierum 365 efficeret: vnúmque diem ex quadrātibus 4 cōstatum, quarto quoque anno intercalandum ordinaret: quia ante sua tempora mitiùs intercalatum fuerat, defectū dierum suppleuit: duósque mēses, priorem 29 dierū, posteriorē 30 inter Nouembrē & Decembrem, vt docet Suetonius, intercalauit, cum intercalario etiam mē̄se dierum 30, qui in fine octaui cuiusque anni Græcorum more statim scilicet post Decembrem intercalari
          solebat

RATIO. 171

solebat: vt ille annus (annum cōfusionis vocat Macrobius) menses tres intercalatorios cōtineret, menses verò illi tres, in summa dies 89 continerent: quæ dierum summa addita summæ anni, id est, diebus 354.(nam plures tunc nō capiebat) eum annum assurgere faciebat ad dies tot, quot scribit loco paulò antè citato Macrobius, nempe ad dies 443. Et sic annus satis bene cōstabat, ni sacerdotes sibi errorem nouū ex ipsa emendatione fecissent. Nam cùm oporteret diem, qui ex quadrantibus consit, quarto quoque anno cōfecto antequā quintus inciperet, intercalare: illi quarto nō peracto sed incipiēte intercalabāt. Hic error, inquit Macrobius, *sex & triginta annis permansit, quibus annis intercalati sunt dies duodecim, quū debuerint intercalari 9.* Sed hunc errorem serò deprehēsum correxit Augustus, qui annos XII sine intercalari die transigi iussit: vt illi tres dies qui per annos 36 vitio sacerdotalis festinationis creuerant, sequentibus annis duodecim nullo die intercalato denorarentur. Vtcunque sit in eum modum eámque rationem annus adductus est, vt mensibus duodecim integretur, quorum quatuor, triginta dies, septem, dies XXXI, vnus verò, dies XXVIII caperet: sic vt in summa annus assurgeret ad 365

Cap. 17.1. Satur.

dies supra quadrantem. quod & adnotauit Galenus Commēt. 1. in 1. Epide. Hippocratis. Quia autem præter prædictos 365 dies, quotannis horæ sex supererant, voluit Cæsar vt ex illis horis sex quarto quoque anno & expleto & confecto dies vnus coalesceret & cōficeretur: qui, quod & antè dixi, ad sextum Calendas Martÿ seu ad XXIIII diem Februarÿ super literā F. intercalaretur. In quā sententiam Ouidius de Cæsare cecinit Fastorum 3,

 Ille moras Solis quibus in sua signa rediret,
  Traditur exactis disposuisse notis.
 Is decies senis tercentum & quinque diebus
  Iungit & è pleno tempora quinta die.

Annus ergo Iulianus anno Bissextili (Bissextilis autem est quartus quisque) dies continet 366. vnum. scilicet diem supra annum communem.
Notant verò huius temporis mathematici Iulium Cæsarem Solaris anni quantitatem nō exactè præfininisse, vt quæ vndecim ferè minutiis horæ maior sit quàm oporteat. Annus enim qui Solis circuitus est à puncto AEquinoctÿ Verni ad idem punctum, exactiore calculo

culo continet dies 365, horas. V, minuta 49. cum secundis XVI. qua ratione motus Ouidius, vt antè dixi, cecinit -- & è pleno tẽpora quinta die. per tempora quinta è pleno die horas quinq, intelligẽs de XXIIII quæ plenũ diem & integrum efficiunt. In considerationem non adducens Poeta minuta & secunda horas V. superexcedentia. Eadem ratione motus Augustus Cæsar vnum illum diem intercalarium, quẽ quarto quoque anno incipiente sacerdotes intercalabãt, quinto quoq, anno incipiẽte intercalari iußit, vt scribit Macrobius, & omnẽ hunc ordinẽ areæ tabulæ ad æternã custodiam mandauit. Sanè ratio supplementi Bißextilis à Iulio ordinata nõ ita exactè quadrat, quin quatuor anni vsuales pauxillo quodam superent totidem annos Solares : vnde fit vt hoc nostro æuo Æquinoctia & Solstitia plus æquo anticipent & in anteriora ferantur: ita vt à tempore Dionysii ad nostram vsque ætatem Æquinoctium Vernum per dies ferè X. anticiparit & à vicesimo Martÿ in XI eiusdẽ retrocesserit. Adeo vt si hoc anno, verbi gratia, 1570 Æquinoctium Vernum fuerit exactè in meridie vndecimi diei Martÿ, quatuor annis vsualibus exactis idem Æquinoctium iam non erit in meridie XI. diei Martÿ, sed tanto antici-

Cap. 17. lib. 1. Saturn.

pabit, quātus est excessus quatuor annorum vsualium supra quatuor annos Solares. Nō ergo exactè capit annus horas sex integras supra 365 dies. sed de sex horis deficiunt secūdum Alfonsum minuta ferè vndecim: secūdum Albategni minuta XIIII: secundū Ptolemeum minuta circiter v: Secūdum Alfonsi verò supputationem annus capit dies 365, & adhæc minuta quinquaginta vno ferè mi nus. Itaque cùm sex horas integras singulis annus supra dierum numerum anno damus: certè minuta ferè vndecim singulis annis plus quàm oporteat, anno adiungimus. quo fit vt quarto quoque anno minuta ferè 44 su perflua esse videantur. At licet eiusmodi excessus atque adeò AEquinoctiorum anticipa tio (tāto enim, vt dictum iam est, AEquinoctia anticipant quantus est excessus minutorum) admodū parua sit & paucis annis vix sensibilis, successu tamen annorū sensibilis euadit. Nam vndecim minuta quotannis su perexcedentia horas sex, in annis centū triginta & vno, vnum diem (minuto vno minus) conficiūt naturalem. Vnde futurum vt AEquinoctiū, quod hodie X Martÿ cōtingit, elapsis annis 1400 retrolabatur & recidat in vltimum Februarÿ diē. quod non continget CXXXI tamen, si annis 131 elapsis Februario nullus
dies

RATIO. 175

dies vt assolet, intercaletur: sed qui primus post illos 131 annos debebat esse Bissextilis, cōmunis fiat & ciuilis nō autem intercalaris. Et exinde tamē de more intercaletur. vt, ver bi gratia, primi anni Bissextiles qui effluent post annos 1791, & 2063 sinētur effluere cōmunes, quanquam deberent esse Bissextiles. At qui hos sequentur Bissextiles quarto quoque anno pro more solito suum locum & ordinem retinebunt. Nec verò desunt qui de sex horis centesimam sextam diei partem detrahant, vt in centum sex annis tantùm vnum diem subtrahendum esse hac ratione intelligamus. Astrologi tamē Hipparcho antiquiores Solis eodem reditū, quem annum vocāt, trecentis sexaginta quinque diebus & plus quarta vnius diei parte constare voluerunt. neque tamen quantū supra quartam diei addendum sit, explicarunt. Thebit minuta IX, secunda 12: Alij minuta 7, secunda IX. supra sex horas anno adscribūt. Sanè Galenus in ea est opinione vt putet aliquam particulā tēporis ad horas sex accedere, cùm scribit, Vt igitur annus ad 365 dies particulam diei quartâ maiorē habet adiunctā, &c. Idē alibi docet annū nō 365 dierum tantummodo esse, sed etiam quartæ partis diei & adhæc partis cuiusdam propemodum centesimæ.

Cap. 9. l. t. de diebus decretoriis. In c. 4. l. 3 progno.

Cæterum anni Iuliani initium more Romano pendet à media nocte antecedente Calend. Ianuarias, non à meridie Calendarum eiusdem: cuius rei rationē reddit Plutarchus problem. Ro. 82: vel vt quidam notant, 84, his verbis, Cur diei principiū (Romani) à media nocte numerant? An quòd respub. ab initio militari more & instituto, constituta est: In re autem militari multa noctu vtiliter occupantur? an diei ortum agendi principium esse voluerunt, noctem verò consilij & præparationis? oportet autem præparatos rem aggredi, non verò contrà, agentem præparari. vt ad Chylonem vnum de septem dixisse fertur Myson dum per hyemem vannum conficeret. An quemadmodum meridies multis est finus reipub. gerenda: sic noctem intempestam actionum omnium initium oportere esse statuerunt. cuius rei maximum argumentum magistratum Romanum post meridiem fœdus facere nō solere. An occasu quidem & ortu & finē & principium diei capere licet? Nam si multitudinis iudicio diei principiū cùm Sol emergere cœperit, incipit: noctis verò initium, cùm penitus occiderit, terminaretur: æqualitatem diei ac noctis (quod Æquinoctiū dicimus) non habebimus. Quam enim noctem diei parem maximè videmus,

ea

RATIO. 177

ea, die cui comparatur Solis spatio ac magnitudine breuior reperietur. Nam quòd Mathematici huic rei medicinam afferētes diei ac noctis verißimam rationem constituunt, centrum Solis cùm finientē attingit, omnem euidentiam & perspicuitatem penitus tollit. Necesse est enim accidere cùm multum lucis etiam sub terra sit, & nos radiis suis iam Sol vndique collustrat, vt nondum diem esse fateamur. Quare cùm ob dictas causas ortus diei & occasus principium difficillimè capi possit, relinquitur aut vt medium diem aut mediam noctem principium diei statuamus. potius autem secundum. Fertur enim à nobis à meridie ad occasum. à media verò nocte ad orientem ad nos redit: Hæc Plutarchus. Quinetiam initium diei more Rom. à media nocte incipere docet M. Varro apud Cap.2.l.3 Gelliũ his verbis, Homines, inquit, qui media nocte ad proximam mediam noctem in his horis 24 nati sunt, vna die nati dicũtur. Quibus verbis, inquit Gellius, ita videtur dierum obseruationem diuisisse, vt qui post Solem occasum ante mediam noctem natus sit, is ei dies natalis sit, à quo die ea nox cœperit: Contrà verò qui in sex horis posterioribus nascatur, eo die videri natum qui post eã noctem diluxerit. Idem etiam Varro ait, Sa-

M.

cra Romana quæ sex horis posterioribus noctis fiunt, eo die fieri dicuntur, qui proximus eam noctem illucescit. Virgilius etiã idipsum non expresitè neque apertè, sed vt hominem decuit poëticas res agentem recondita & quasi operta veteris ritus significatione, cùm inquit,

---Torquet medios nox humida cursus:
Et me seuis equis Oriens afflauit anhelis.

Hic vero etiam monere non erit alienum Iuly Cæsaris ordinationem, quod ad anni rationem attinet, ad hæc nostra vsque tempora tota Europa quæ Christum agnoscit, fuisse obseruatam: Nec vllam adhuc (etsi ab illo in hunc diem mille quingenti & septuaginta anni effluxerint) hactenus à nostris plus satis in hac re veternosis Pontificibus emendationis curam diligentiamque fuisse adhibitam. licet res ipsa iampridem emendationem efflagitet & correctione egere videatur.

Ioannes Genesius Sepulueda in fine Commentariorum in cap. 12. li. 5. Politicorum Aristot. scribit se libello separatim huic quæstioni dicato declarauisse anni Romani multifariam deprauati initium ab ipsa Bruma seu Brumali Solstitio (quo die, inquit, Christus natus est) nono scz. Sole faciẽdum esse, & ita
redigen-

redigendum, vt in eundem diem Bruma & Chriſti Natale & Calendæ Ianuarij cōgruerent. Id an præſtiterit neſcio : & vt præſtiterit, quomodo id fieri aut poſſit aut debeat, nõ video.

Menſium Romanorum tota ferè Europa vſurpatorum nomina, ordo & dierum numerus.

	Dies habet.		Dies habet.
Ianuarius.	A. XXXI	*Iulius*. G.	XXXI
Februarius.	D. XXVIII	*Auguſtus*. Ç.	XXXI
& in Biſſexto	XXIX	*September*. F.	XXX
Martius.	D. XXXI	*October*. A.	XXXI
Aprilis.	G. XXX	*Nouember*. D.	XXX
Maius.	B. XXXI	*December*. F.	XXXI
Iunius.	E. XXX		

De his XII. menſibus Ouidius Faſto. 1. ſic cecinit,

Martis erat primus menſis, Venerisq́ue
  ſecundus,
Hæc generis príceps, ipſius ille pater.
Tertius à ſenibus, iuuenum de nomine
  quartus.
  Quæ ſequitur numero turba notata
ſuo eſt.

M. ii.

At Numa nec Ianum nec auitas præ
teriit vmbras,
Mensibus antiquis præposuitque
duos.

Iam quod ad dies singulorum mensium attinet, Romani eos in tres ordines distribuebant, in Calendas, Nonas & Idus. à quibus nominibus dies ipsi denominationē accipiebant. Ac primus quidem dies cuiuslibet mēsis Calenda dicebatur. sequentes vt minimum quatuor, vt summum sex, (nam quidā menses Nonas tantùm quatuor habent: quidam sex) Nonarum nomen accipiunt. qui inde sequuntur dies, Idus vocantur. qui in quolibet mense octo sunt. Reliqui in finem mensis dies numero addito Calendæ dicuntur. vt decimoseptimo Calēdas, decimosexto, decimoquinto: & sic deinceps ordine retrogrado & imminuto, seu numeros diminuendo dum ad vltimum diem mensis veniatur, quo non secundo Calendas sed pridie Calēdas dicimus. quòd secundus à verbo sequor dicatur: vltimus autem dies mensis præcedat primū diem seu Calendas sequentis mēsis, non autem sequatur.' Macrobius hac de re ita, Latij verò veteres incolæ quia nihil iam tū ab Ægyptiis discere licebat, ad quos nullus illis commeatus patebat, more Græciæ

cap. 19. l.
1. Satur.

in

in mensium numerādis diebus sequuti sunt, ut retrouersum cedente numero ab augmento in diminutionem computatio resoluta desineret. Ita enim nos decimum diem deinde nonum, ut Athenienses δεκάτην κỳ ἐννάτην φθίνοντες μηνὸς soliti sunt dicere. Notandum verò est quòd in his formulis dicendi, decimoseptimo Calendas, decimosexto Calendas & similibus compendiosè loquimur & defectuosé. deficit enim præpositio ante, à qua accusatiuus Calendas dependet & regitur. ut integra sit oratio, decimoseptimo aut decimosexto die anteCalendas, hoc est, primum diem mēsis denominati, Maÿ verbi gratia, aut Iunÿ, aut alterius. Similiter cùm dicimus ad octauum, ad septimum Calendas Aprilis, subaudimus diē ante: ut sit, ad octauum vel ad septimum diem ante Calendas Aprilis. Vnde liquet Calendas mensis esse in mense antecedenti: sic Calendæ Ianuarÿ in Decembri sunt: Calendæ Februarÿ in Ianuario: & sic de cæteris.

Quot autem Calendas, quot Nonas, quot Idus quilibet mensis habeat, his versibus disces,

   Sex Maius Nonas October Iuliº & Mars,
   Quatuor at reliqui. tenet Idus quilibet octo.

M. iÿ.

Inde dies reliquos omnes dic esse Calendas.
Nomen sortiri debent à mense sequenti.

Versibus his noscas mensis cuiusq́, Calendas.
q 16
r 17 *Tantum, tendebat, quod, regni, summa, regebat.*
s 18
t 19 *Sanctus, rex, talis, sapienter, regna, subegit.*

Duo vltimi versus (vt de prioribus satis facilibus taceam) artis sunt, suis tantùm primis & capitalibus literis vtiles & notandi: cætera nullum sensum habentes. Ambo versus duodecim dictionibus constant, quarum singulæ singulis mensibus attribuuntur. prima scilicet Tantum, primo mensi scilicet Ianuario: secunda dictio scilicet Tendebat, secundo mensi Februario: & tertia tertio mensi: & sic deinceps. Tātum ergo, quæ prima est dictio, Iānuario attribuitur: Tēdebat, Februario: Quod Martio, Regni Aprili: cætera dictiones cæteris mēsibus eodem ordine. Dictio ergo Tantū quæ Ianuario attribuitur, & dictio Tēdebat, quæ Februario, significat Ianuariū & Februarium tot Calendas habere quota T. earum dictionum litera capitalis est in ordine Alphabeti. T. autem in Alphabeti ordine decima nona est: vnde colligere licet Ianuario & Februario Calendas nouemdecim esse tribuendas. Sic quia litera Q. capitalis

tertiæ

tertiæ dictionis in primo versu, in ordine literarum decima sexta est, quæ Martio tribuitur, fit ut Martio sedecim Calendas tribuere oporteat. Id quòd in cæteris quoque mēsibus pro dictionum ordine & literarum initialiū seu capitalium numero obseruandum & faciendum est. Sed memineris Tantum Decēbri attribuendū: Tendebat Ianuario: Quod Februario: Regni Martio: Sūma Aprili, quòd in Decembri Calēdæ sint Ianuarij: in Ianuario Februarii: in Februario Martii: in Martio Calendæ Aprilis sint, & cæterorum similiter.

Calendæ ergo primus cuiusuis mensis dies est. deducta verò dictio est à verbo Græco καλῶ, quod voco significat: quia antiquitus primo cuiuslibet mensis die populus in Calabram curiam calabatur, id est, vocabatur per præconem, accepturus causas feriarum à rege sacrorum, qui præter cætera etiam quot dies à Calendis ad Nonas essent, pronunciabat: Itē & quid eo mense faciendum esset, quod ad religionem spectaret. Apud Varronem libro secundo de lingua Latina, ubi de Calendis agit, locus adeò corruptus est, ut ei medicinam facere non potuerim. Nonius Marcellus, Itaque Calendis Calendabantur, id est, vocabantur, & ab eo Calendæ appellatæ.

M.iiii.

quod à Græcis tractum est qui καλεῖν vocare dixerunt. Cùm autem in enumeratione
menstruorum dierum Nonas & Idus Calendas antecedant, eáque Calendarum conditio
sit, vt præter vnū, primum scilicet cuiusque
mensis diem, reliquæ alterius mensis sint : in
enumeratione tamen trium illarum men-

Turneb.l. sis partium cauebant diligenter Romani, ne
15.cap.14. ante Nonas & Idus Calendas nominarent. Itaque Nonas, Idus, Calendas dicebant. ne si secus nominarēt, malè ominosum
esset: Cicero tamen in Verrem Calendis, Nonis & Idibus dixit. In quem locum Asconius
quædam annotat, quæ subobscura sunt, credo quia ea vetustas delere conata est. verba
Asconij sunt hæc, Religioso omine nominat
multitudo Nonas, Idus, Calēdas: Cicero Ca-
In Verrē. lendis, Nonis, Idibus dixit. quanuis hoc pro-
nuntiatione soluatur, ac temporum diuisione
hoc dici videre possimus. Ea Asconij verba siue integra sint, siue corrupta, hunc tamē sensum habere mihi videntur, Quod Cic. contra vulgi consuetudinē, religionis parū me-
mor (si ea religio ac non potius superstitio di-
cenda est, qua diligenter cauebant Romani
ne Calendas primo loco: secundo, Nonas: tertio, Idus nominarent, quòd id & malè ominosum esse & nescio quid sinistri portende-
re

RATIO. 185

*re existimarent)Calendis, Nonis & Idibus
dixerit, consuetum ordinem inuertens, id
excusari usquequaque posse videatur. Nimirum hoc pronũtiatione, inquit Asconius,
solui poßit, id est, excusari Cicero poßit quòd
cursu orationis abreptus, quod superstitionis
esset minimè seruarit. aut verò quòd ipsemet Cicero ad diuisionem temporis potius
(sic enim mensem diuidimus vt Calendas primo loco: Nonas secundo: Idus tertio
nominemus) quàm ad vel religionem, ne di
cam superstitionem, respectum habere voluerit.*

*Nonæ dictæ sunt vel ab eo quòd à Nonis
ad Idus nouem dies supputentur, vel quòd
Nonæ initiũ essent nouæ obseruationis, vel
à nundinis quæ per tot dies durabant quot
essent Nonæ. Scribit Columella, Manifestum*   Lib. 1. rei
esse nundinarum conuentus propterea vsur-   rusticæ
patos vt nonis tantummodo diebus res vr-   numero
banæ agerentur, reliquis administrarentur   7. præfa-
rustica. Illis enim temporibus, inquit, Proce-   tionis.
res ciuitatis in agris morabantur & cùm Cõsilium publicum desiderabatur, à villis in Senatum accersebantur.

*Idus à verbo antiquo & Hetrusco Iduere, quod diuidere significat, quidã deducunt.
quòd scilicet Idus mensem medium diuidãt*

quod tunc temporis ferè fiebat, cùm Calendæ & Neomenia in eundem diem recidebant.& in mensibus sex Nonas habentibus id semper contingebat.

<small>In probl. Romanis 23. aut 2]. problem.</small>

Plutarchus aliam horum nominum rationem reddit his verbis,

Cur tria mensis principia & dies quasi quosdam legibus præstitutos habet (Romani)qui dierum idem interuallum in medio capiant? An illud verum est quod Iuba in historia scribit, Magistratus Calendis populū vocare & in quartum diem Nonas indicere solitos esse? Idus enim diem religiosum putabant. An illud magis quòd Lunæ varietatibus tempora describentes, treis omnino singulis mensibus Lunæ mutationes fieri animaduertebant: primam cùm Soli congressa penitus occultatur, deinde cùm Solis radios ac lumen elapsa ab occasu incipit apparere: postremo cum Solaribus radiis collustrata plenilunium efficit. Nomināt antē(Romani) Lunæ occultationem cùm scilicet non apparet, Calendas: Quicquid enim occultè sit, clam fieri & celari Latinè dicitur. Primam verò Lunā Nonas appellant, iustissimo quidē nomine Nεμηνίαν ὥςτε ῶς ἂν ἄρτι τὸν νέον καένον ὥσπερ ἡμεῖς προσαγορεύοσιν. i, vt quæ Neomenia sit. etenim ipsi(Romani)nouū vt & nos

<small>Σελδος Νουμηνία α Μητεδονιε μ Πλουτάρχω.</small>

<small>Plutarchi codex corruptus est quem defectu codicis illiuere non potui.</small>

nos νέον & καινὸν, vocant. Idus autē aut propter speciē & vndiq, collucētu Lunæ pulchritudinē, aut cognomē illud Ioui attribuentes. Sed certißimū dierū numerū exequi nō opus non ex eo quòd parū abest calumniari. quádoquidē vel hoc tēpore quo ad summū Astrologiæ pernentū est, inæqualitas tamē temporū, Mathematicorū peritiā vincit.ac eorū numeros & suppputationes sæpißimè fallit & fugit. Hactenus Plutarch. qui fortè ridiculus cuipiā videri poßit, quòd Calēdas inepta & tāto viro indigna etymologia à verbo Latino Celo deduci poße scribit: Quasi verò Luna Calēdu sēper occultetur & clā fiat, ac nō etiā aliquādo iisdē plena, aut, vt cōtingit, alio aliquo modo affecta sit. Idē & de nomine Idus dici etiā poßit. nam Idus quasi ἀπὸ τ᾽ εἴδους.i, à specie & pulchritudine, propter Lunæ tunc collucētis specie & pulchritudinē, nomen illi tertiæ parti mēsis attributū esse dicit: vnde & quidā Eidꝰ per diphthongū ει potius q̄ Idus per simplex ι scribendū esse censent. Nonas verò quasi Nouas à Νέω.i, nouo idem auctor deriuare videtur. Verū .n. Plut. à calumnia fortè vendicari poßit, si quis cōsideret ipsum respexisse ad id quòd veteres Rom. ad Lunæ cursum menses suos exigebāt. & tum primā Lunæ visitationem primumq, eius lumē diē quod tunc temporis ferè fiebat, cùm Calenda & Neomenia in eundem diem recidebant.& in mensibus sex Nonas habentibus id semper contingebat.

Plutarchus aliam horum nominum rationem reddit his verbis,

> Cur tria mensis principia & dies quasi quosdam legibus præstitutos habet (Romani) qui dierum idem interuallum in medio capiant? An illud verum est quod Iuba in historia scribit, Magistratus Calendu populū vocare & in quartum diem Nonas indicere solitos esse? Idus enim diem religiosum putabant. An illud magis quod Lunæ varietatibus tempora describentes, treis omnino singulis mensibus Lunæ mutationes fieri animaduertebant: primam cùm Soli congressa penitus occultatur. deinde cùm Solis radios ac lumen elapsa ab occasu incipit apparere: postremo cùm Solaribus radiis collustrata plenilunium efficit. Nomināt ante (Romani) Lunæ occultationem cùm scilicet non apparet, Calendas: Quicquid enim occultè fit, clam fieri & celari Latinè dicitur. Primam verò Lunā Nonas appellant, iustissimo quidē nomine Νουμηνίαν ὥσπερ ἂν εἴποι τις τὴν νέου Σελήνην ὥσπερ ἡμεῖς προσαγορεύουσιν. i, vt quæ Neomenia sit. etenim ipsi (Romani) nouū vt & nos

In probl. Romanis 22, nūc 23. problem.

Σύνοδος Νουμηνία. 2 Μηνοειδής ιλλυμίνιαν σελο.

Plutarchi codex corruptus est quem defectu codi. restituere non potui.

nos νέον & καινὸν, vocant. Idus autē aut propter speciē & vndiq, collucētis Lunæ pulchritudinē, aut cognomē illud Iouis attribuentes. Sed certißimū dierū numerū exequi nō opus non ex eo quòd parū abest calumniari. quádoquidē vel hoc tēpore quo ad summū Astrologiæ peruentū est, inæqualitas tamē temporū, Mathematicorū peritiā vincit.ac eorū numeros & supputationes sæpißimè fallit & fugit. Hactenus Plutarch. qui fortè ridiculus cuipiā videri poßit, quòd Calēdas inepta & tāto viro indigna etymologia à verbo Latino Celo deduci posse scribit: Quasi verò Lunæ Calēdis sēper occultetur & clā fiat, ac nō etiā aliquādo iisdē plena, aut, vt cōtingit, alio aliquo modo affecta sit. Idē & de nomine Iduū dici etiā poßit. nam Idus quasi ἀπὸ τ̃ εἴδους.i, à specie & pulchritudine, propter Lunæ tunc collucētis speciē & pulchritudinē, nomen illi tertiæ parti mēsis attributū esse dicit: vnde & quidā Eidꝰ per diphthongū ΕΙ potius q̃ Idus per simplex Ι scribendū esse censent. Nonas verò quasi Nouas à Νέω.i, nouo idem auctor deriuare videtur. Verū .n. Plut. à calumnia fortè vendicari poßit, si quis cōsideret ipsum respexisse ad id quòd veteres Rom. ad Lunæ cursum menses suos exigebāt. & tum primā Lunæ visitationem primumq, eius lumē diē

Calendarum effecisse, id est, Calendas cum Nouilunio seu Νουμηνία *concurrisse. item & Nonis ipsam cauam seu falcatam in sinum fuisse & quasi nouam: Idibus autem ipsam plenam & pleno orbe lucentem eóque speciosissimam & pulcherrimam fuisse.*

Porro Καλενδῶν Ιουλίων κ᾽ Ιδῶν, *id est, Calendarum Iulij & Iduum meminit Galenus ex Hera. cap. 2. lib. 1 compositionis pharma. secundum locos, numero 2.*

Nominum mensium Romanorum ratio.

IANVARIVS. A

Ianuarius à Iano bicipiti deo dictum volunt. quod & adnotat Varro lib. 2 de lingua Lat. apud quem principe deo pro bicipiti male legitur. Scribit Macrobius, Ianuarium esse bicipitis dei mensem respicientem ac prospicientem transacti anni finem, futuríq; principia. à Numa introductum, qui, vt & antè in anno Numæ ex Plutarcho dictum est, ordinem mensium immutauit, Martio, qui è primus fuerat, tertium tribuens locum. De hoc Plutarch. problematum Rom. problemate 17, ita proponit & quærit,

Quid

Quid est quòd Ianuarium Romani principium anni faciunt? Antiquis enim temporibus Martius primus omnium numerabatur. quod cùm multis signis perspici potest, tū eo maximè quòd quintum à Martio & sextum, & reliquos deinceps vsque ad extremum à Martio numerat: Decembrem enim nouißimum appellant, à Martio scilicet recēsentes. Ex quo nonnulli opinati sunt veteres Romanos non XII, sed decem mensibus annum compleße. & ob eam rem quibusdam mensibus plures quàm triginta dies addidiße. Sunt qui monumentis literarum mandarunt Decembrem à Martio decimum cōputari: hunc & deinceps sequi Ianuarium: Februarium eße in quo & purgationibus vtuntur & mortuis parentant anno finiente. Hunc postea ordinē immutatum eße cōstat. & Ianuarium primum omnium numerari cœptum. quòd primo eius mensis die (quē Calendas Ianuarias appellant) primi Consules exactis regibus creati sunt. vnde Plutarchus In Mario. scribit, Marium Calendis Ianuarij (quod initium, inquit, anni Romani est) ex Africa cum exercitu trāsuectum, Consulatum occœpiße, &c. Verisimilius illud quod quidam dicunt, Martium à Romulo primum omniū fuiße numeratum, quòd homo acer & bellicosus atque adeo bellandi amore insanus Marte satum se esse existimans parentis sui cognomen cæteris mensibus præponendū cēsuit. Numa Pompilius deinde vir pacatus & pacis atque ocij studiosus, cùm ciuium animos à bello ad agriculturam traducere contendisset, Ianuario inter mēses principatum dedit: & Ianum quasi ciuilem & agriculturæ magis quàm rei bellicæ studiosum ad summos honores cultumque prouexit. Sed vide ne NumaPomp. magis consentaneum naturæ, quantum ad nos attinet, anni principium sumpserit. Omnino enim eorum quæ in circulo circunferuntur, nihil est quod aut natura extremum sit, aut primum : sed lege factū vt alij aliud statuant anni principium. Optimè verò qui post hybernum tropicū annum inchoant, cum Sol finem vlterius progredi faciat, rursus ad nos se recipit. fit enim naturale quodammodo huiusmodi principium quo & lucis tempus nobis augetur, tenebrarum verò & noctis diminuitur. princeps deniq, & totius substātiæ fluxæ auctor propius accedit.

Problem. Rom. 20.

Idem etiam ibidem quærit, Cur Ianū bifrontem esse autumant? sic enim eum & fingant & pingunt. An quòd Græcus Perrhebus fuit? sic enim literis proditum est. Is postea cùm in Italiam traiecisset & apud Barbaros

baros consedisset, linguam simul cum victu commutauit. An illud potius quòd Italos agrestes ac Barbaros ad vitæ humanitatē cultumq́, traductos, & agros colere & rempub. administrare instituit.?

Meminit & idem auctor eiusdem mensis etiam problemate 53, Quid est, inquit, quòd Idib. Ianuariis permissū est vt tibicines muliebri habitu vrbem lustrent? Tu si placet vide locum apud ipsum Plutarchum.

FEBRVARIVS. D.

Hunc secundum mensem instituisse Numam Februóque deo, qui lustrationum potēs creditur, dicauisse tradit Macrob. Lustrari autem eo mense necesse erat ciuitatem, quo statuit vt iusta diis manibus soluerētur. Varro, Februarius, inquit, ab diis inferis appellatus: quòd tum his parentent. ego, inquit, magis arbitror Februariū dici à die Februato. quòd tum februatur populus .i. à Lupercis nudis lustratur: & idem alio loco, Cùm rex ferias menstruas Nonis Februarij dicit, hunc diem Februatum appellat: Februum Sabini purgamentum: Hæc Varro. Cæterū Februū deum nonnulli Plutonem vocant. Plutar. Februarius quasi Lustralis dictus est. Expiation. enim Februa significant & tunc mortuis parentant. Vnde Ouidius,

Cap. 14.
l. Satur.

De lingua Lat. 2.

In Numa.

At Numa nec Ianum nec auitas præ-
teriit vmbras.

Sciendum verò etiam est veteres Romanos Februarium nõ solùm duodecimum &
vltimum mensium constituisse:sed & vicesimum tertium eiusdem diem vltimũ totius
anni effecisse, eóque quia terminus anni esset, Terminalia appellauisse. ac post ipsa eorũ
dierum numerum, qui ad annuam Solis rationem deessent, intercalauisse. cuius dicti
& Varronem & Ouidium testes habeo. Var-

Locus hic corruptus apud Var-ronem l.2. de lingua Lat. ro, Terminalia, quòd is dies anni extremus
constitutus. duodecimus enim mensis fuerit
Februarius, &c. Ouidius Fasto.2,

Qui sequitur Ianum veteris fuit vltimus anni.

Tu quoque sacrorum Termine finis eras.

Lib. 2. de legibus. Sed & Cicero hæc habet, Sed mensem, credo, extremum anni, vt veteres Februarium,
sic his (Decius Brutus) Decembrem sequebatur. Huius rei rationẽ reddit Plutarchus in
Probl.31. problemat. Rom. his verbis, Quid est quòd
cùm cæteri Romani Februario mortuis infe-
rias nitere & parentare consueuissent,
D. Brutus faciebat. ecius & Brutus, vt Cicero scribit, id Decẽ-
bri faciebant? Hic autem fuit primus qui
Lusitaniam inuasit: qui Lytham flumen primus

mus traiecit. An quia vt vesperi & mense exacto multi parentare consueuerunt, sic in fine anni mense nouißimo mortuos honore & inferiis prosequebantur? est autem December mensium omnium extremus: & quæ sequuntur. Sanè in fragmentis legum Duodecim tabularum sic habetur, Vt mensis Februarius qui Numæ instituto postremus erat, deinceps esset. vtique eo mense post Terminalia alternis annis eorum dierum qui ad annuam Solis rationem deessent intercalatio fieret, &c. Hanc verò intercalationem alternis annis dierum viginti duorum: alternis viginti trium fuisse notat Macrobius. Porrò hos dies Cato ille M. Porcii filius, (quem egregios de iuris disciplina libros reliquisse auctor est Gellius) mensem Intercalarium nominat: quem addititium esse putat. omnesque eius dies pro momento obseruat, extremóq, diei mensis Februarij attribuit. vt tit. De rerum & verborum significatione, L. 98. Id verò Macrobius Græcorum imitatione factum credit, qui mēses suos Embolimos ad anni sui finem, vt antè dictum c, ⁷, intercalabant. Quanquam vna re, inqu. ille à Græcis differebant Romani, quòd illi co., cto mense vltimo: Romani non confecto Februario, sed post vicesimum tertiū eius diem " " " " " " " " " " "

Cap. 15. Saturn.

N.

intercalabant, Terminalibus iam peractis.
cùm reliquos mensis Februarij dies, quierãt
quinque subiungebant vetere sua religionis
more, vt Februarium omnino Martius se-
queretur. Hunc verò intercalarium mensem
Iulius Cæsar postea sustulit, effecítque vt annus tandem dierum trecentorum sexaginta
quinque esset, ac vnus dies quarto quoque
anno intercalaretur: vt est apud Suetonium
in Iulio. Cæterùm anno in eam etiam quam
hodie retinemus formam redacto, vicesimus
quartus Februarii dies, qui intercalationi di
catus est, priores Calendæ intercalares dicebatur, sicuti & vicesimus quintus, vt coniice
re est, posteriores. quanquam totos reliquos
à vicesimo quarto dies in finem mensis ita e-
tiam appellatos fuisse iure fortasse quis con
tendat. Cicero ad Ligarium, Ego idem, inquit, cùm ad secundum Calendas intercalares priores rogatu fratrum tuorum venissem
ad Cæsarem, &c. Significat Cicero se diebus
duobus ante Calēdas intercalares priores·i,
ante vicesimum quartum Februarii venisse
secund ad Cæsarem: id autem est vicesimo
se die Feb. Nam hic dies biduo antece-
ˢ XXIIII, Februarij: vt priores dixerit ad
differentiam posteriorum Calendarum intercalarium, id est, vicesimi quinti, revera in-
terpositityj

Epistola
14. lib. 6.
epistolariū
ad Lentu_
lum & a-
lios.

terpositisii & intercalarii, vel etiam illorum
dierum qui ab illo sunt ad Calendas vsque
Martias. Cæterùm vicesimus quartus Calen
dæ priores intercalares abusiuè dicitur. quippe re vera posterior nõ prior intercalatur, sed
quia is intercalationem proximè antecedit,
imò verò vnus & idem est cum intercalario,
iccirco priores Calendæ intercalares dicitur.
Quod & notandum in posterioribus Calen-
dis.i, his diebus quibus à vicesimo quarto in
cipientes dicimus sexto, quinto, quarto, tertio, pridie Calẽdas Martias. quòd scz. ij dies
intercalationẽ sequantur potius quàm quòd
intercalentur. quo sensu mensis Februarius
etiã mẽsis intercalaris dicitur: nõ quòd totus
intercaletur: sed quòd eo ipso intercalatio
fiat. Iuxta quod significatũ verè Q. Mutius
dixit: Mensis, inquit, intercalaris cõstat ex
diebus XXIX. Contrà alio sensu mensis ille
dierum viginti duorum aut viginti trium
(quem alternis annis solitum esse intercalari supra dixi) intercalaris dicebatur,
quòd totus scilicet intercalaretur: vt intercalaris mensis duplicem hunc inte."-Ctum,
habeat: sitq, vel qui totus intercalatu. vel
etiam quo fit intercalatio. De intercalatı..
ne seu Bissexto Celsus Iureconsultus in Lib. dige-
hæc verba, Quum Bissextus Calendis est, storum 28.
N. ii.

196　ANNI ROMANI

" nihil refert priore an posteriore die quis natᵒ
" sit: & deinceps sexto Calendas eius natalis
" dies est. Nam id biduum pro vno die habe-
" tur: sed posterior dies intercalatur non prior.
" Ideo quo anno intercalatū non est, sexto Ca-
" lendis natus: cùm Bissextus Calend. est, pri-
" orem diem natalem habet. Hæc verba satis
implexa & concisa breuitate antiquitati toti consueta eóque obscura, hunc mihi sēnsum
habere videtur, Quoties Bissextus est(is autem quarto quoque anno in sextum Calendas Martias incidit & is dies Calendæ intercalares dicitur) duo dies p̄ vno occurrūt;
prior ac posterior intercalarius. Etsi autē duo
dies esse videntur, vnius tamen loco habentur & in vnum coincidunt: ita vt posterior
solum momentum temporis occupet, & cum
priore ita confundatur, vt nō absurdè si quis,
verbi gratia, posteriore natus sit, is & sexto
Calendas Martias & priore die natus
esse dicatur. vt in summa nihil referat vtro
quis natus sit, priore an posteriore: cùm vtro-
uis natus priorem semper natalem habeat.
Certè erque dies in Ephemeridibus eadē
Alp' habethi litera notatur, nempe F. quæ
ao Bissextili in iisdem geminari solet, eóque tum bis sexto Calendas Martias (vnde
& Bissexto nomen) dicere compellimur,
vtrique

Locus Iurisc. explica-tus.

ūī. atisp p̄ lk̄tio vnde.

vtrique diei eandem appellationem tribuentes, vt iis argumentis id biduum pro vno eodémque die haberi conſtet, ac neque poſteriorem computari. Porro intercalationis etiam meminit Cato in lib. de re ruſt. numero 150. eius dico intercalationis quæ ferè ſolidum menſem capiebat.

Intercalatio apud Catonem.

MARTIVS. D.

Hunc primum menſem in Romuli ordinatione fuiſſe ac eundem Marti ſuo genitori dicaniſſe pluribus antè in Romulo & poſt ſparſim in Ianuario ex Plutarcho & Ouidio oſtendimus. Feſtus Pomp. Martius menſis initium anni fuit & in Latio & poſt Romam conditum eo quòd gens erat belliceſiſſima: cuius rei teſtimonium eſt quòd poſteriores menſes, qui annum finiũt, à numero appellati vltimum habent Decembrem.

APRILIS. G.

Hunc menſem alij ἀπὸ τῆ ἀφρου, id eſt, à ſpuma vnde Venus orta creditur: alij ab ipſa Venere, quam Aphroditim Græci dicunt, deductum volunt. Sacra enim huic deæ hoc menſe fiunt: Plutarcho in Numa. Et Varro, Secũdus meſis (ſcilicet Aprilis) vt Fuluius ſcribit & Iunius Gracch. à Venere, quòd ea ſit Ἀφροδίτη. Cuius nomen, inquit, magis puto dictum quòd Ver omnia aperiat, Aprilem.

1. de ling. Latin.

Hanc Romuli ratione fuisse asserunt vt hǔc
Aprilem nominaret qui secundus esset,
quòd primum à patre suo Marte: secundum à
Venere AEneæ matre nomin*dum putaret:
alii Aprilem quasi Aperilem dictum volũt.
Nam cùm ferè ante AEquinoctium Vernum
triste sit cælum & nymbis obductum: sed &
mare nauigantibus clausum, terra etiam i-
psa sit aut aqua aut pruina aut niuibus cõte-
cta, aut gelu etiam indurata, vt omnia emor
tua videantur: ea tamen omnia Verno tempore ita mitescunt, vt Aprili terra sese aperiat, & plantæ cùm flores tum folia pandant
& ipsæ etiam aperiantur. Cùm ergo plantæ
omnes hoc tempore aperire se in germeu incipiant, idque maximè Aprili contingat, his
de causis Aprilem quasi Aperilem dictum
esse meritò quis credat. Quod & notat Plu-
tachus in Numa: Et Ouidius libro quarto
Fastorum,

Sed Veneris mensem Græco sermone notatũ
   Auguror, à spumis est dea dicta maris.
De Aprili plura vide eo loco apud Ouidium.

MAIVS. B.

Hunc tertium Romulus posuit in anni or-
in Numa. dinatione. quem, quia populum in maiores
ioniorésq́; diuisisse ferũt, vt alia pars consilio,
                             altera

altera armis rempublicam tueretur, in honorem vtriusque ætatis hunc Maium, illum Iunium nominauisse. Alii à Maio deo qui idē
Iuppiter est. Alii à Maia Vulcani matre &
Mercurii, cui sacer est hic mensis, dictum vo-
luīt. quod etiam notat Plutarchus: qui etiam *In Numa.*
in problematis Romanis quærit, Quid est, inquit, quòd Maio mense circa plenilunium, de
ponte Sublicio simulachra in Tyberim iacien-
tes, Argeos ea quæ deiiciuntur appellāt? &c.
Et ibidem pòst, Cur mense Maio vxores non *Probl. 19.*
ducunt (Romani?) An quòd inter Aprilem *& 84.*
& Iunium medius interiectus est: quorum
quum alter Veneri, Iunoni alter dicatus sit,
deabus scilicet quæ nuptiis præsunt, aut parū
antè capiūt, aut parum expectant? An quòd
hoc mense maximo piaculo vtuntur, effigies
modò de ponte deiicientes cùm prius homines consueuissent? Vnde flaminicam Iunonis
sacerdotem tristem esse eo tempore: quippe
quæ vt eo mense nullo cultu vtantur moris
est. An quòd plerique Latinorum hoc mense
mortuis parentant, & ob eam causam Mercurium quoq, eodem mense venerātur, qui
Maiæ cognominis est? An, vt quidam dicūt,
Maius à maioribus natu appellatus est, Iunius à iunioribus? Nuptiis verò accōmodatior
est iunior, vt inquit Eurip. nā senectus Ve-

nerem valere iubet, ipsaque Venus senibus infensa est. Abstinent igitur Maio nuptiis, Iunium expectantes qui Maium ordine excipit: Hactenus Plutarchus. Varro, Tertius à maioribus Maius: Quartus à iunioribus Iunius. Festus Pomp. Maius mensis in compluribus ciuitatibus Latinis ante Vrbem cond. fuisse videtur: qua ex causa vtrum à maioribus, vt Iunius à iunioribus, dictus sit, an à Maia quòd scilicet Mercurio filio eius res diuinæ fiant solennes? an quòd ipsi deæ in multis Latinis ciuitatibus sacrificia fiebāt ipso mense desinente? Idem, Idus Maij, inquit, mercatorum dies festus erat, quòd eo die Mercurii ædes esset dedicata.

IVNIVS. E.

Fest. Pōp.   Iunius vel à iunioribus, vt suprà dictum est, vel per syncopē à Iunonius & Iunonialis quo nomine antea vocabatur. Nam Iunonis Monetæ ædes Calendis Iunii dedicata est. Alij à Iunio Bruto qui primus Romæ Cons. factus est, dictum volunt. quòd hoc mense, id est Calendis Iunij, pulso Tarquinio sacrum Carn. deæ in Cælio monte voti reus fecerit. Vid. quæ paulò ante ex Ouidio citauimus hoc mense.

IVLIVS. G.

Hic mensis in Romuli ordinatione quintum

tum in ordine locum tenebat. vnde & Quin
tilis tum dicebatur. Varro, Dehinc quintus,
Quintilis: & sic deinceps vsq̃ ad Decẽbrẽ
à numero. Sed posteà in honorem Iulij Cæs. Festus Pomp.
Imperatoris primi Iulius est appellatus. &
quòd ad quartũ Idus ipsius mẽsis idẽ Iulius
esset procreatus. Plutar. in problematis Ro- Probl. 98.
manorũ, Cur Idibus Sextilis diem festum a-
gunt serui ac seruæ omnes? Vxores aũt capita
nudare ac lauare consueuerunt? An propter
Seruium regem quem eo die scrua natum &
in lucem editum ferunt, vacationem ab opere habent serui? Capitis autem lauatio ab an-
cillis cœpta propter diem festũ ad liberas quoque processit, &c.

AVGVSTVS. C.

Hic & Sextilis etiam antea vocabatur,
quòd sextum in anni ordinatione à Martio
inita supputatione locum tenebat. Mutato ta
men postea nomine in honorem Augusti Cæ
saris Imperatoris secundi Augustus dictus est
de eius nomine: & quòd Augustus 'o mense
primum Cõsulatum iniisset, & tres ¨¨phos
in vrbem intulisset: quòd item Ægyptu.
mense in populi Romani potestatem ab eo re-
dacta esset. Plutarchus in Problematis Rom. Probl. 31.

Quid est quòd Metellus Pont. Max. factus
alioqui prudens ac ciuilis post Sextilem mēsem, qui nunc Augustus dicitur, vetuit aus-
picari, &c.

SEPTEMBER.   F.

OCTOBER.   A.

Septembrem & Octobrē Domitianus suis
cognomētis insigniuit. sed non diu ita vocati
sunt. statimque post cædē eius pristina nomi
na recuperauerunt. Soli postremi duo suas
semper appellationes retinuerunt:

NOVEMBER.   D.

DECEMBER.   F.

Hi quatuor postremi menses ordinis quisque sui nomen retinuere. Ex quo facile intelligere licet Romanos initio non duodecim sed decem tantùm menses habuisse &
Martiū primum fuisse. quod & notat Plu-
tarchꝰ in Numa. iccirco enim September
dicꝰ, quòd à Martio septimus sit: October
quod octauus: Nouember quòd nonus ab im
bre, id est à bruma seu post brumam sit, id est
                              imbrem

RATIO. 203

imbrem & hyemē. Est enim imber pluuiæ aut grandinis lapsus & agmen. qua significatione imbrem pluuiæ & imbrem grandinis dicimus. Erat verò tum Martius post imbrem primus, & ab eo inita supputatione mensis hic, verbi gratia, September, ille October dictus est. Ordinis videlicet quisque sui nomen à Martio retinentes ex numero. Sed quod ad Decembrem attinet vide quæ de eo antè ex Plutarcho in Februario diximus. Imber.

Finis tractationis anni Romani.

Ianuarius habet
dies XXXI.

1 Caleda Ianuarÿ
2 Quarto Nonas
3 Tertio Nonas
4 Pridie Nonas
5 NONÆ
6 Octauo Idus
7 Septimo Idus
8 Sexto Idus
9 Quinto Idus
10 Quarto Idus
11 Tertio Idus
12 Pridie Idus
13 Idus
14 Decimo nono
Calendas Februarÿ
15 Decimo octauo
16 Decimo septimo
17 Decimo sexto
18 Decimo quinto
19 Decimo quarto
20 Decimo tertio
21 uodecimo
22 Vndecimo
23 Decimo
24 Nono
25 Octauo
26 Septimo
27 Sexto
28 Quinto
29 Quarto
30 Tertio
31 Pridie Calen-
das Februarÿ

Februarius dies
habet XXVIII. &
Bissexto XXIX.

1 CAL. Februarÿ
2 Quarto Nonas
3 Tertio Nonas
4 Pridie Nonas
5 NONÆ
6 Octauo Idus
7 Septimo
8 Sexto
9 Quinto
10 Quarto
11 Tertio
12 Pridie Idus
13 Idus
14 Decimo sexto
&c. Galendas Martÿ

15	xv. Caléd. Mar.	10	Sexto
16	XIIII	11	Quinto
17	XIII	12	Quarto
18	XII	13	Tertio
19	XI	14	Pridie
20	X	15	Idus
21	IX	16	XVII Cal. Apr.
22	VIII	17	XVI
23	VII	18	XV
24	VI	19	XIIII
25	V	20	XIII
26	IIII	21	XII
27	III	22	XI
28	Pridie Calendas	23	X
	Martias	24	IX
		25	VIII

Martius habet dies XXXI.

		26	VII
		27	VI
		28	V
1	Calendæ Martij	29	IIII
2	Sexto Nonas.	30	III
3	Quinto Nonas	31	Pridie Caléd.
4	Quarto Nonas		Aprilis.
5	Tertio Nonas		
6	Pridie Nonas		
7	NONÆ		
8	Octavo Idus		
9	Septimo		

Aprilis habet dies xxx.

1	CAL. Aprilis

2	Quarto Nonas	30	Pridie Cal. Maij
3	Tertio Nonas		
4	Pridie Nonas		Maius xxxi.
5	NONÆ		dies.
6	Octauo Idus		
7	Septimo Idus	1	CAL. Maij
8	Sexto Idus	2	Sexto Nonas
9	Quinto Idus	3	V
10	Quarto Idus	4	IIII
11	Tertio Idus	5	III
12	Pridie Idus	6	Pridie Nonas
13	IDVS	7	NONÆ
14	XVIII Cal. Maij	8	Octauo Idus
15	XVII	9	VII
16	XVI	10	VI
17	XV	11	V
18	XIIII	12	IIII
19	XIII	13	III
20	XII	14	Pridie Idus
21	XI	15	IDVS
22	X	16	XVII Cal. Iunij
23	IX	17	XVI
24	IIX	18	XV
25	VII	19	XIIII
26	VI	20	XIII
27	V	21	XII
28	IIII	22	XI
29	III	23	X

RATIO.

24	IX	10	Quarto
25	VIII	11	Tertio
26	VII	12	Pridie
27	VI	13	IDIBVS
28	V	14	Decimo octauo Ca-
29	IIII		lendas Iulij
30	III	15	XVII
31	PridieCalendas	16	XVI
Iunij.		17	XV
		18	XIIII

Iunius dies habet
    xxx.

		19	XIII
		20	XII
		21	XI
1	Cal. Iunij	22	X
2	Quarto Nonas	23	IX
3	Tertio Nonas	24	VIII
4	Pridie Nonas	25	VII
5	NONÆ	26	VI
6	Octauo Idus	27	V
7	Septimo	28	IIII
8	Sexto	39	III
9	Quinto	30	Pridie Cal. Iulij

Et hæc hactenus
Reliquos sex menses ad eandem *s*-
thodum ac supputationem exi-
gere poterit Le-
ctor.

www.ingramcontent.com/pod-product-compliance
Lightning Source LLC
Chambersburg PA
CBHW021806230426
43669CB00008B/645